没有教不好的孩子，
只有不会教的父母

杨颖 编著

扫码点目录听本书

汕头大学出版社

图书在版编目(CIP)数据

没有教不好的孩子,只有不会教的父母/杨颖编著
. -- 汕头:汕头大学出版社,2020.4(2022.7 重印)
ISBN 978-7-5658-3907-8

Ⅰ. ①没… Ⅱ. ①杨… Ⅲ. ①家庭教育
Ⅳ. ①G78

中国版本图书馆 CIP 数据核字(2019)第 063274 号

没有教不好的孩子,只有不会教的父母
MEIYOU JIAO BUHAO DE HAIZI ZHIYOU BUHUI JIAO DE FUMU

编　　著:杨　颖
责任编辑:邹　峰
责任技编:黄东生
封面设计:松　雪
出版发行:汕头大学出版社
　　　　　广东省汕头市大学路 243 号汕头大学校园内　邮政编码:515063
电　　话:0754 – 82904613
印　　刷:三河市众誉天成印务有限公司
开　　本:880mm×1270mm　1/32
印　　张:6
字　　数:136 千字
版　　次:2020 年 4 月第 1 版
印　　次:2022 年 7 月第 3 次印刷
定　　价:36.00 元
ISBN 978-7-5658-3907-8

　　父母是孩子的第一任老师，每个孩子都是一块待雕琢的璞玉，能否雕琢出美玉，全在于当"工匠"的父母之手。孩子的成长，凝聚着父母巨大的心血和智慧。

　　没有一个父母不希望自己的孩子长大后有出息，但是，我们真的尽到教养责任了吗？比利时一家杂志对全国 60 岁以上的老人做了一次专题调查。题目是："你最后悔的是什么？"并列出了十几项生活中容易后悔的事情，供被调查者选择。结果表明，有 63% 的人后悔对子女教育不够或不当。有些父母直到多年后，才发现按照自己的模式与经验，并没有使子女成才和受益。

　　父母必须要清醒地认识到，教育方法的妥当与否，直接影响着孩子的成长。作为父母，总是想把最好的都给孩子，希望他们能够成长为有出息的人，因此在教育上总是不遗余力，但是不恰当的教育方式往往会适得其反。父母使用的方法是否妥当，直接影响着家庭教育的效果。父母必须要清醒地认识到，教育孩子是父母不可推卸的责任，父母的一言一行，都将对孩子产生不可忽视的影响，有时候这种不易察觉的影响，也许会伴随孩子的一生。 教育专家周弘说过这样一句话："没有种不好的庄稼，只有不会种庄稼的农民；没有教不好的孩子，只有不会教孩子的父母。"父母对待孩子的态度，也同样决定了孩子的命运。 做父母的不可能选择孩子，但可以改变教育孩子的态度与方法，孩子的命运也许会因此而改变。

一个好孩子，三分天注定七分靠教养。 作为一名合格的父母，不仅要正确认识到自身的责任与义务，还要不断地学习，及时纠正自己的失误，将科学的家教观念和先进的家教方法应用到家庭教育中来，还要把对孩子的关心爱护与严格要求，言传与身教相结合等作为自己的自觉行动，全面关心孩子的身心发展，教育和引导孩子树立正确的世界观、人生观、价值观，养成孩子高尚的思想品质和良好的道德情操，努力将孩子培育成德、智、体、美全面发展的高素质人才。

改变教养方式，熊孩子照样可以变成乖孩子！ 身为父母，当对比自己的孩子与别人家孩子的差距时，应先看到自己的付出与别人的差距。 在孩子的教育上，同样是一分耕耘一分收获。 每个父母都应该牢记：没有教不好的孩子，只有不会教的父母。

《没有教不好的孩子，只有不会教的父母》针对千万父母会遇到的教育问题，实例分析，给道理给方法，提供实用的解决方案。 本书告诉我们：只要方法稳妥，任何孩子都是优秀的，只要用心总能找到合适的方法。

2020 年 2 月

扫码点目录听本书

01

好孩子的成长需要聪明的父母来陪伴

努力营造关爱和谐的家庭氛围 ...002

父母的语言传递着自身的价值观念 ...007

父母对自己的孩子了解多少 ...009

父母的决定要言出必行，始终如一 ...011

02

读懂孩子才能教育出好孩子

读懂孩子的心，走进他的小世界 ...018

读懂孩子审视世界的方式 ...021

找出孩子产生逆反心理的深层原因 ...024

要明白孩子的长处和短处 ...027

03

聪明的父母总是与孩子一起学习

04

夸一夸孩子更优秀

05

孩子有了坏习惯怎么办

06

男孩穷养、女孩富养

07

培养孩子的交际能力

08

培养孩子的好心态

09

培养孩子的好性格

10

培养孩子的思维和观察能力

好孩子的成长需要聪明的父母来陪伴

扫码点目录听本书

努力营造
关爱和谐的家庭氛围

扫码点目录听本书

有人说家庭是我们人生旅途中的旗帜，孩子靠家长的旗帜掌握方向。只要父母能和孩子一起努力，就算是在大风大浪中，也可以让孩子具有安全感。但是如果父母不齐心协力，船翻了，孩子一般也会受到伤害。所以，家庭既能为孩子的成长护航，也可能会演变为失败的源头。父母应努力营造和谐的家庭氛围，让孩子健康、快乐成长。家庭氛围一般有以下几种类型：

1. 期待型

父母看不到孩子的独特之处，总是将自己的全部想法都寄托在孩子身上实现，希望孩子能完全按照自己想的来做，这样只会让孩子心中有所不安。如果父母一直抱着这种期望，孩子又不能达到父母要求的能力，孩子们就易陷入不满、自私、冷漠的深渊，毫无生气。

2. 溺爱型

不管孩子提出什么要求，父母总是什么都同意，即便是不正确的事也不会加以阻拦。孩子生长在这样的环境中，容易让自己陷入迷茫，一旦有要求得不到满足，便不知道如何去解决。这样的孩子往往缺乏自制力，做任何事都是以自我为中心，不能很好地融入社会，不能独立在社会生存，也不能忍受别人的忽视，只是追求一些有刺激的事情，不管是对什么都没有足够的信心，一直处在期望别人帮助的状态中。

3. 严厉型

这种类型的父母当然也是爱孩子的，不过对待孩子的态度却过于严厉，不是命令指导，就是指责批评，对孩子的行为严格控制，要孩子完全遵守家长的想法，一旦行为稍有偏差，就会对孩子进行严厉的批评甚至打骂。如果父母一直用这种态度对待孩子，有可能让孩子在磨炼下精神溃败。还可能出现心神不宁、不会跟别人相处等现象。有的孩子只是在表面上表现得很听话，看起来做得挺好，实际上只是对现实的逃避，这样容易导致孩子的懦弱性格。

4. 干涉型

这个类型大致跟期待型一样，父母都是为了孩子的未来着想，对孩子过度的照顾，整天不停地唠叨。这样的家庭氛围下，孩子不容易很好地成长，而且情绪易变，不能承受失败和挫折，没有良好的耐心，没有责任心。孩子本身有了太多人的关怀和照顾，跟别的孩子的接触就少了，也就不容易长大成熟，总是依赖大人，不能很好地融入社会，不能独立做事，也没有属于自己的梦想和抱负。

5. 矛盾型

父亲和母亲对孩子有着截然不同的教育方法，有批评责骂，也有安慰宽恕。不同的时间和地点，父母也采取不同的方式对待。有时父亲责骂而母亲安慰，这样会让孩子在难受中难以自拔。如果用这样的方法教育孩子，会让孩子的心理产生严重的失衡。即使有被安慰的时候，可是不知道什么时候、因什么原因又会被责骂。

在不同教育方法下教育出来的孩子，夹在两种权威思想中间，常常会让孩子感觉手足无措。尤其是在老爸发飙、老妈护孩子的时候，孩子会产生强烈的反抗心理。

在这种家庭氛围里成长的孩子往往有或者看不起爸爸，或者对妈妈心怀怨恨的心理。

6. 民主型

在这种类型的家庭中，父母能温和耐心地对待子女，当孩子需要帮助的时候，父母会给予孩子力量，想尽办法去了解孩子，多和孩子进行交流，保持父母和孩子处在一种和谐的关系中；给孩子足够的理解和尊重，让孩子自由独立地发展，让孩子勇敢地发表自己的意见及处理自己的问题，父母同时也体会自己做父母的责任。如果家庭是比较民主自由的，那么培养出的孩子也会比较善良，懂得合作，有着超强的适应能力，并且具有很强的独立自主性，责任感也比较强，性格也显得外向开朗。

父母总是希望自己的孩子能成为有本领、有能力、有才华的人，而要培养出这样的孩子，家长们就要从自身做起，给孩子一个合适的生活学习环境。 一位美国学者通过相关调查总结了下列几项孩子希望的家庭氛围：

（1）父母在孩子在场的时候不要吵架。

（2）不要对孩子有偏见。

（3）不要对孩子说谎，要讲信用。

（4）父母和睦，不要互相辱骂。

（5）家长要关心孩子，父母子女之间要保持亲密的关系。

（6）支持孩子与朋友交往。

（7）不要让孩子感觉自己很无趣，不要经常跟孩子生气。

（8）孝顺老人，尊重孩子，有事情的时候要和大家一起商量，建立民主型家庭。

（9）适时在家庭搞一些娱乐活动，周日的时候适当地放松。

（10）允许孩子对父母的错误进行批评。

我们把上边这些孩子的希望归纳起来，其实就是要求父母营造一种充满爱与和谐的家庭氛围。

（1）明白父母真正的威信是什么。 孔子曰："其身正，不令而行；其身不正，虽令不从。"家长对孩子有一定的责任感，有一种不可否定的相互关系，父母对孩子的尊重和孩子对父母的敬仰则是这种关系的基础，家长对孩子的威信不是从对孩子的打骂中建立起来的。 日常生活中，家长要对孩子有所关照和理解，尊重孩子的人格发展，引导孩子表达内心的真实情感，并且按照家长的要求去完成事情。 时间长了，孩子和父母的关系就会越来越亲密。 这样，家长在自己孩子的眼中，慢慢也就建立起自己的威信了。 这样营造起来的家庭氛围，不仅不会损害父母在孩子心中的形象，反而可以让孩子更早地独立，塑造孩子良好的品性。

（2）要充分尊重孩子的人格。 不要将孩子简单地看作是自己的产品，他是一个独立的人，有自己的个性和人格。 在和孩子进行交流的时候，要保持一种平等待人的态度，孩子的兴趣爱好等父母都要尊重，要温和平静而不是严厉地训斥孩子，即便孩子犯了错，也要耐心给孩子讲道理，呵护孩子的自尊心。 要让孩子自己做选择，不要干涉太多，鼓励他们参加家庭组织的各种活动，这样可以让孩子说出自己的见解，畅所欲言。 当父母听了孩子的想法，如果是正确的就该鼓励。 家人之间还应经常讨论交流，听从有理的那一方。

（3）父母之间要学会相互体谅。 孩子的启蒙老师便是自己的父母，父母的任何行为都对孩子产生着影响。 所以，父母要相互协调，如果双方产生矛盾，也要尽量心平气和地解决，正确谨慎地处理，要说到做到，给孩子起一个很好的模范作用，不要在孩子面前吵闹、打架，粗鲁地解决出现的矛盾。 只有父母之间感情好，家庭才会和谐。

（4）不能忽视孩子应有的权利。 孩子是一个完整的个体，是家庭的一部分，他应该拥有家庭里的一部分权利，同时也要有自己的责任感。 所以，当孩子还小的时候，就应该让他知道，他们必须做的一些事情是什么。

父母的语言
传递着自身的价值观念

　　家庭教育要重视父母潜移默化的作用，父母在不经意间便能将自己的想法传递给了孩子，包括怎么分辨事物的好坏，什么事能做什么事不能做，什么事该做或不该做，什么事该提倡或不该提倡，等等。

　　有些父母习惯以权威身份来向孩子提出一些不合理要求，例如家长一边要求孩子要讲礼貌、懂道理，一边却又总是发号施令、对孩子不尊重、对别人没礼貌。其实，要想让孩子健康成长，家长就应该先做好榜样，不要停留在单纯的说教上。想让孩子对别人尊重，家长就应该首先尊重孩子、尊重他人；想让孩子懂礼貌，家长就要注重言辞，和孩子说话，要温柔而不要表现得很恶劣。当孩子还小时，对家长的各种鼓励、爱护都会接受并学会。

　　家长都想自己的孩子变得强大不被欺负，但是，如果是自己的孩子欺负了别的孩子，你心里可能会觉得他做得不对，在行为表现上却是对孩子微笑，然后还温柔地说："你怎么可以打人呢？"这样便表达了一个难以控制的信息："这不是什么大不了的事情。"因此，家长的表现是孩子行为的主要影响因素，孩子的行为也代表着家长的个人价值观。

不让孩子吃一点亏的教育往往最失败。因为这样的孩子在父母的过度保护下，往往没机会跟别人交往，孩子不懂得如何与人交流，更别说跟别人友好相处了。这样的孩子往往会受到大家的排挤，对孩子的未来发展不利。孩子都是通过跟其他小孩子一块玩然后慢慢掌握为人处世的道理的，因此从一定程度上说，"吃亏就是福"是没错的。

父母对自己的孩子
了解多少

身为父母，对于自己的孩子真的了解么？ 你是用什么样的方式来证明你是懂他的？ 其实大多数父母都不是很了解自己的孩子，因此，父母在理解孩子的心思上面要花些功夫。比如当父母忙碌的时候，孩子却不停地询问父母各种问题，其实这个时候孩子是想让家长注意自己，抑或是对其表示一点尊重。 假如父母能对孩子的心思了如指掌，对孩子表示一点关注，亲一下，摸一下，让孩子感受到你对他的爱就行了。 孩子便会从这样的动作中领悟到你的爱，也就不再打扰你了。

现实生活中，很多人并不是很了解自己的孩子，他们也不会多花点时间去了解孩子，只是按照自己的想法做出决定，让孩子完全按照自己的想法做。 很多时候家长只是抱怨自己的孩子不听话、总是捣乱等，可是自己却不愿意和孩子交流探讨，认真倾听孩子内心的想法，也不愿了解孩子的内心世界。 家长应该知道，不同的孩子有不同的性格，我们要有不一样的教导方法。 除了要关注孩子外在的、明显的需求，还要注意孩子一些细小的方面，要知道孩子的内心是必须要花心思去了解的。

每个人都有着自己的独特个性。 有些生来就内向，有些生来就外向；有些生来就很胆小，也有生来便什么都不惧怕的；有些生下来就很喜欢运动，有些则天生就不喜欢运动。身为父母，不仅仅要给孩子足够的温暖和照顾，还要观察孩子的心思，只有这样才能对症下药，让孩子进步和发展。

家庭不同，每个孩子也有着不同的素养和智商，父母都希望自己的孩子能聪明好学，只是每个人的方式和想法有所不同。 如果孩子取得成绩了也不被父母肯定，那么他的自信心就可能会消失殆尽；有的人却是将孩子一直护着，不管孩子是生病了还是跟别人闹矛盾了，家长都帮孩子处理所有问题，这样孩子不会有大的成就。 因为孩子不能完全发挥自己的主观能动性，有一点创造力也被家长给扼杀了。 父母要了解，给孩子过多的支援并不是最好的，有时候甚至是多余的。 不要让孩子一直生活在你的怀抱里，要让孩子自己去走自己的路。

父母的决定
要言出必行， 始终如一

孩子犯了错，总是会显得很可怜，父母常常会说"下次不能再犯同样的错误了""暂时先原谅你吧"。父母这样做，会让孩子学会逃避责任，到了第二次情况出现的时候，孩子还会这样求父母让步。这样不仅让管教变得很难，而且会让孩子更加的不服管教。

父母如果只说不做，很多孩子便会有这样的想法：即使没听父母的话，也没什么惩罚。父母要做的是在孩子面前树立自己的威信，不管什么时候，对孩子说的话一定要做到，一直坚持，这才是对孩子负责。

"周浩，快点写作业。写完了可以自己放松一下。"

没过多久孩子就说作业写完了。"老妈，我完成了，去和朋友玩了！"边说边打算换鞋出去溜旱冰。

"还是不要吧，万一摔倒了怎么办？你还是玩其他的吧!"妈妈这样回答说。

"不要,说好了可以让我去溜旱冰的。"

"乖,好孩子,听妈妈的话啊。"

孩子的想法没有得到实现,他不能去做自己喜欢的事。妈妈事先告诉孩子可以选择喜欢玩的,后又自食其言,这当然会降低家长的威信。

"梦梦,很晚了,该去准备睡觉了啊。"妈妈催促梦梦。不过梦梦却好像没听到一样,还是继续玩她的积木。梦梦不管妈妈怎么催促,依然玩自己的,母亲也没有再说什么。其实妈妈让孩子按时睡觉是为了孩子好,不然明天孩子会没有精神去上课的,但是妈妈的行动又显示出她并不在乎梦梦是否真的按她说的做了。孩子并不在意那些,他们只是想着现在玩。要是孩子觉得母亲的话可以不听的话,时间长了,妈妈就会越来越不受孩子尊重。当梦梦没有反应时,妈妈就应该过去,拿掉孩子正在玩的东西,然后直接对梦梦说:"去睡吧,明天有的是时间玩。"然后看着孩子走到房间睡在床上。当然,要想孩子心甘情愿地去做,还要告诉孩子这样做的原因。假使孩子有什么不安,便要继续说清楚原因,直到妈妈和孩子达成一致,这样就不是只用妈妈的权威做事了,而是让孩子也参与到其中,让孩子少一些抵触心理。

"妈妈,把这个故事念给我听吧。"孩子拿着自己的书向老妈求教。

"放放，你作业做完了吗?"

"没有呢。"

"那就要先写作业，写完作业，我再给你讲故事。"

"妈妈，你要先给我讲故事。"

"听妈妈的话，先写作业。"

"你要是不讲的话，我就不写作业。"

母子俩谁也不肯让谁，然后放放大声说道:"必须要讲! 必须要讲!"

"好吧，好吧，你过来，我现在就给你讲，然后再去写作业。"

"听你讲完我就去做。"

然后妈妈以威胁的语气说:"要是你食言的话，那我可就……"

不过这些威胁的话却从来没实行过，这就好像"狼来了"的故事一样，很多时候这样的话孩子都当成了耳边风。孩子觉得父母只是吓吓他，并不会真的那么做。这样便会让孩子误入歧途。

很多时候，家长不说出来是因为不想让孩子难受，想把事情快点做完，然后能继续做其他事。不过你越是不想找麻烦，就会有越多的麻烦来找你，只是因为你没有坚持，下次再遇到同样的情况，一样会重蹈覆辙。

必须让孩子懂得，父母说出的话是一定要做到的。要是你不想看到自己的孩子遭受惩罚，给孩子警告时就一定先想想这个惩罚是否恰当，因为说出的话就像泼出的水。 不过如果孩子在6岁以下，那么就不适宜使用"罪有应得"式的处罚。 当孩子过了6岁，已经开始有一些道德观念，适当的赏罚会让孩子更听话。 如果是一个较大的孩子，不小心把东西弄坏了，你可以用约定好的方式来对其做一种补偿，如罚孩子做一会儿家务事也是不错的方法。 另外，家庭成员之间要懂得配合。

　　7岁的薇薇总是让妈妈给她买新玩具。妈妈说如果买了就一定要保存好，这样下次想玩的时候还能玩，要是还是像之前那样随便扔，就不给她买新玩具，直到所有玩具都找到并答应改正为止。孩子答应了，母亲便兑现了自己的诺言。刚开始，薇薇每次玩完玩具都会收好。慢慢地便开始乱丢，想玩的时候便找不到。过了些日子，薇薇又让妈妈买新玩具给她，妈妈说："你并没有按照你说的话去做，上次的东西，你弄得哪里都是，我不能答应你的要求。"孩子沉默了，便不再说话。后来有一天，妈妈突然发现薇薇又在玩新的玩具，"这是奶奶买给我的。"孩子表现得像是一个胜利的将军。

有时候孩子做不到自己承诺的，家长便通过之前的约定进行了惩罚，不过其他家庭成员却又违反这种要求。 教育孩子需要家庭所有人的配合。 当你制定"规则"时就要考虑周详，加入一些这样的条款："就算是有人给你新的玩具，如果你做不到你说的，妈妈也会先替你保管新玩具，直到你兑现承诺了才可以拿到手。"这样就不会出现上述状况了。

高情商家教思维

1. 参考"努力营造关爱和谐的家庭氛围"一节，分析你所营造的家庭氛围属于哪一种？ 会对孩子造成什么影响？

_____

_____

2. 和孩子聊一聊，他所期盼的家庭氛围有何特点？

_____

_____

3. 身为父母，你对自己的孩子足够了解吗？ 你是通过何种方式证明你是懂他的？

_____

_____

4. 你是否认同"教育孩子需要家庭所有人的配合"？ 为什么？

_____

_____

5. 适当的赏罚会让孩子更听话，你有哪些有效的赏罚方式？

_____

_____

6. 本章提到的方法中，你认为最有用的是哪一条？

_____

_____

读懂孩子

才能教育出好孩子

读懂孩子的心，
走进他的小世界

很多父母都应该对此深有体会，孩子在很小的时候都很听话，不过却越长大越不听话，如：总是要跟大人背道而驰；总是和大人的思想相违背；他们不经常和父母交流，一旦父母开始说话就觉得唠叨；只愿意和同学进行沟通，不想跟家长说话……很多父母都为此很焦虑。 这都是不理解孩子的表现！ 其实，理解孩子是每个做父母的都应该做到的。很多亲子关系的障碍都来自于父母不懂孩子的世界，不知道孩子心中的想法。

　　小杰的妈妈有很成功的事业，对儿子也有很高的期望。为了让小杰朝自己设想的方向发展，对待孩子总是很苛刻。

　　小杰从小便很懂事很听话，不过从上初中开始，他开始有一些自主意识，开始用各种方法来反抗妈妈的制约，慢慢地，小杰在母亲的眼里似乎变得很陌生。在家里，妈妈从不知道小杰的真实想法，因为他总是在写作业、上网，忙完就吃饭。至于小杰内心是怎么想的，妈妈完全猜不到。妈妈希望孩子可以懂得自己的心思，有什么心事都告诉妈妈，跟孩子做亲密的朋友，但是儿子却一直体会不到母亲的这番心思。

这天，小杰看起来满腹心事地回到家，关上门不出来，吃饭也不在状态。母亲很忧虑，问："什么情况？怎么这么不正常？"小杰的回答却只有短短一句："我现在不舒服，没有心情说话。"孩子的这副模样，让妈妈有很强的挫败感。她不知道孩子为什么就不明白她的心思，不能对自己畅所欲言。

相信不止一位家长和文中的母亲一样困惑。他们觉得对孩子已经够用心了，不过孩子对他们却还有抵触心理，不想让父母走进自己的生活。这到底是什么原因？

许多家长说自己的孩子不知道自己有多苦，自己把所有的都给了孩子却没得到回报，那只是因为他们很少去想孩子的想法，总是以自己的眼光来看待孩子。时间长了，便会让孩子和家长之间的感情越来越疏远，当父母发现孩子跟自己的关系越来越陌生时，就很难将这层堡垒打破。那么，作为父母，如何才能真正读懂孩子的心呢？

1. 重视和孩子的眼神交流

从一个人的眼睛里便可读出一个人的心思，时不时和孩子进行沟通和交流是十分重要的。如果当父母和孩子说话的时候不看孩子的眼睛，孩子本能的反应便是没有人重视我，也不会跟父母说自己的心事了。要是家长总是微笑对待孩子，孩子自然也会跟家长好好交流。

2. 要和孩子说好自己的心里话

家长应该时常和孩子说出自己的真实想法。即使是家庭生活的一些小问题，也可以向孩子征求意见。就算是孩子们不能做什么，也可以培养家长和孩子之间的良好关系。在这个过程中，孩子可以感觉到自己存在的价值，便也会跟父母讲自己的心事了。

3. 发掘孩子的爱好才能了解"心"

孩子的真实想法体现在兴趣上。很多家长总是置之不理，觉得和孩子玩要都是浪费时间的表现，这便将和孩子沟通的道路堵塞了。其实，如果爸爸在周末能和儿子一起去打篮球，母女一起坐下商量衣服的事情，他们就已经开始走进孩子的世界了……孩子会把家长当作是自己的朋友，不会觉得他们和自己的想法不合拍。

读懂孩子
审视世界的方式

日常生活中，家长总是不能理解孩子的思维方式。 这是为什么呢？ 因为家长跟孩子总是用不同的眼光看待事物。每个孩子的脑海中都有自己梦想的世界，他们跟大人兴趣不同，他们不会去感受别人设定的那些事情。 这就意味着，虽然孩子年龄还小，不过他们已经会用自己的眼光来审视并分析身边的所有事情。 家长要是没有注意到这样的情况，就会经常跟孩子出现矛盾，引起不和。

娜娜已经上初中了，她从小就生活在城市里，物质上从来没有什么缺憾，也从来不懂得爱惜东西。爸爸妈妈每次批评她，她都满不在乎地说："你们赚的钱，不就是用来花的吗？"对妈妈总是时不时提起自己小时候缺衣少穿的情景，娜娜对这个很难理解，时代不一样了，当然消费观念也要随之变化。

有一次，为了对娜娜进行一次意义深刻的教育，妈妈带她去看舞台剧《白毛女》。可是让妈妈没有想到，当娜娜看到剧中地主向杨白劳逼债时并没有觉得很生气，当看到地主黄世仁最后被镇压时也没有任何的反应。妈妈百思不得其解，后来在回家路上，她问娜娜看完这个剧后想到了什么。娜娜说："我觉得是杨白劳逼着女儿去给人抵债，而且欠了别人的钱，本来就应该还钱的啊！那杨白劳借了地主的钱，不还钱是罪有应得是自找的，最后还逼得女儿躲到山洞里，她女儿也真是傻，地主很有钱，干吗不嫁给他啊，自己却躲在山洞中不出来，难以想象！"娜娜的妈妈顿时觉得很困惑，记得当时自己看的时候，自己有多么的入境生情，今天让孩子看了，但是孩子却跟自己以前理解的完全不一样。

其实，娜娜的话也不能说完全没道理。因为不同的年龄和不同的经历会让人产生不同的感想。出生在市场经济蓬勃发展的娜娜和同龄人，没有办法获知如何去判断当下社会的好坏，因此也无法理解话剧中的情节。因为家长不知道自己孩子的真实想法，觉得孩子都是错误的观点，孩子也一定为此觉得很反感。当家长对孩子进行教育时，一定要注意这点，要按照一定的方式去领悟孩子对世界的理解，即使觉得孩子有错误，也要采取让孩子能够接受的方式。

因为不同的家庭教育环境，孩子的思维和大人有着本质的不同。家长应努力理解孩子的思想，在那些完全没有机会遇到的问题上不能一棒子打死。即使孩子有些错误思想，只要能够相互理解，孩子也就渐渐能接受父母的想法了。如果家长总是坚持己见，孩子就可能觉得家长太专制了。那么，家长应该怎么去看待孩子的世界呢？

1. 不要忽略和孩子的年龄差距

为什么家长理解不了孩子对世界的看法呢？ 原因之一就是父母总是喜欢忘记自己和孩子年龄的不同。 很多家长都不明白孩子为什么要追星，却忘了自己年轻时的疯狂。 所以，家长不应该总想着让孩子按照自己的想法来思考。 要是觉得孩子的想法太单纯，家长要设身处地去想象，会不会有一种更好的手段。 假如能以这种角度来考虑，可能会有更深的理解。

2. 别忽略了时代的变迁

时代不断发展变化的结果就是每个人所生活的地方和见过的事情不一样，也正因为这样，造成了家长和孩子间看待世界的方式上存在着差异。 在以前长辈年轻的时候，他们也会崇拜很多人，有很多偶像，但是如今的孩子心中的偶像一般都是歌星、影星等。 当然这是由很多原因形成的。 如果家长有足够的时间去了解，那么对于孩子跟家长分析事情的手段不同这件事，家长也就能够以平常心看待了。

3. 走进孩子的世界

每个孩子都有自己的小天地，在思想上、行动上、心理上等方面，孩子与孩子之间都不同。 要是家长能理解孩子特有的感觉，能真正理解孩子的内心，便会让孩子更好地认识这个世界。 家长可以通过读孩子喜欢的书、听孩子喜欢的歌曲来改变观点，读懂孩子的世界。

找出孩子
产生逆反心理的深层原因

　　很多父母应该对此都深有体会，小时候很听话的孩子渐渐会不服从管教，家长说什么都不听，做什么事都由自己的性子来。　其实这些都是正常的。　相关心理学研究发现，孩子成长时候的想法一开始成形，如果父母再强加给孩子思想就会遭到抵抗。　面对孩子的这种抵触心理，要是家长不知道孩子为什么会这样，而只是强制对孩子进行管教，这样便会让孩子的抵触情绪更加激烈。

　　燕燕的父母最近特别忧心。他们感觉孩子慢慢地变得不懂事了，学习也没那么努力了。这次考试还比上次退步了很多，家长会的时候老师还特意说了这件事情。燕燕的爸爸妈妈都在县城上班，孩子刚刚上学的时候，考上了市里一所比较好的私立学校，然后就开始住在学校。刚进学校，孩子经常往家里打电话报平安。不过从这学期开始，燕燕不经常跟家里打电话了，即使打电话也只是简单的问候之类，有什么心里话也不再跟妈妈说，即便爸爸妈妈稍微问一些，她也不想说什么，如果问多了还表现得很不耐烦，只是一句"别那么烦我"，便结束了对话。

燕燕的妈妈开始有点心急，但因为孩子离自己远，也没有什么具体办法。不过，只要孩子放假回家，妈妈就去偷偷地翻燕燕的东西，尤其是手机，留神和谁交流的比较多。这么查下去，妈妈顿时着急了：孩子最近总是和一个男生走得很近。她开始有意地套孩子的话："班主任说你们班上有早恋的，你和谁的关系比较近？"燕燕立刻回答说："我才没早恋。"妈妈立刻松了口气，不过却还是不放心，又说："要知道你是学生，不要和男生走得太近。"燕燕着急了："可以不这么烦吗？那么多事，我最多也就跟男生讨论问题罢了。再说，难道不能有一个好的异性朋友吗？"妈妈就不说话了。现在的小孩都比较敏感，一旦干涉的事情多了就会怨恨。但是如果放任自流，又害怕以后犯错误。

就像燕燕的情况一样，家长最担心的便是孩子青春期的逆反。这类孩子一般都比较敏感，而且浮躁，不听家长的话。他们做事有自己的想法，假如家长一直跟他们重复一件事情就会显得特反感，他们觉得家长的话根本不可信，别人的说法只会让他们不屑一顾，如果决定要做什么事，无论别人怎么说都不会改变自己的想法，越是阻止便越要去做。跟燕燕妈妈一样，很多家长都对孩子的这些行为觉得无可奈何。

当孩子逐渐有了自己的思想后，他们不管做什么决定，都不想让父母全权安排。孩子倔强只是因为自己在不断地成长，大部分是因为家长不真正地了解他们，没有很好地掌控好如何和孩子交流。那么，为什么孩子会产生抵触心理呢？父母要怎么做才会得到孩子的信任，而不是让孩子的反抗心理愈演愈烈呢？

1. 不要和孩子"硬碰硬"

为什么孩子会产生逆反心理呢？ 其实主要是因为他们觉得父母没有给他们足够的尊重，他们便用这样的行为方式，来保证自己跟外界平等。 父母要做的便是把自己和孩子的位置相互交换，让孩子感觉到你对他的尊重，然后采用正确的方式给予疏导。

2. 别对孩子说太多的"不"

很多家长经常说的都是："不行"。 我们经常会听到家长会用一些否定性的词语来命令孩子做事。 这些否定性的词语就好像很多的枷锁来囚禁孩子的思想情感。 孩子是有自己的意识的，他们不想让自己被家长摆布。 每个孩子都想自己被喜欢。这种否定性的话语只会让孩子更加反感，这会让他们不接受任何人的命令。 家长应该知道，孩子已经有了独立自主意识，父母要给孩子足够的成长空间，如果他们犯了错，要宽容的对待他们，并且要跟他们分享成功的乐趣，不要让他们过分受限制。

3. 要注意新闻的影响和反应

电视或者广播的一些负面宣传也会给孩子造成不良的后果。 现在很多电影、电视剧作品都极力美化叛逆者的个人行为，孩子很容易沉迷其中难以自拔，尤其是动画片里的"英雄"行为。 因此，父母可以和孩子一起去观看这样的电影，然后让他们知道这些英雄只是存在于虚拟世界里的，在真实的社会里他们并不可能存在。

要明白
孩子的长处和短处

　　家长要经常赞美孩子鼓励孩子，教会孩子学会取长补短优劣互补，获得较大的进步。 但是长期以来，我们教育的理念就是，先找出孩子的不足，然后不断地告诫，让他改正自己的不足。 这样的情况下，孩子会觉得自己没什么用，压抑和自卑的情绪非常不利于他的身心健康。

　　坤坤让妈妈操碎了心。三年级的他是班里最闹的"调皮鬼"，不是上课迟到被老师罚站。就是不做作业被叫家长……母亲最害怕的便是老师的电话，因为每次接电话准没什么好事儿。每次听到老师的控诉，母亲总是会训斥坤坤，骂了打了就是不见效。

　　坤坤的叔叔非常理解妈妈的难处，便想和孩子好好聊一聊。后来，叔叔和坤坤交流后，觉得坤坤对画画很有兴趣。于是，叔叔就给坤坤买了很多画画需要的用具，让孩子去画他喜欢的东西。坤坤很兴奋，在叔叔的鼓励下，画了很多作品。看了坤坤的作品，叔叔对坤坤说："画得这么好，太棒了，怎么不画两张送给爸爸?"

坤坤想了一下说："妈妈会责怪我画得难看的。"叔叔鼓励坤坤说："不会的，妈妈会非常喜欢。"爸爸收到了坤坤的画后，十分高兴，还带着坤坤吃了一顿麦当劳。因为这件事，不但孩子画画的技巧有了长进，坤坤和妈妈的关系也有所改变，孩子也更加听从管教了。最近，坤坤的英语测试还得了100分，妈妈为此感到特别高兴。

很多家长都认为自己的孩子满身是缺点，就像不喜欢学习，上课迟到乱说话，自觉性差，总是不喜欢听老师讲话之类。但是作为家长，要是不断数落孩子的缺点，会让孩子越来越看不起自己。同时，这些缺点在孩子的认知中扎了根，久而久之，孩子会觉得自己没有改变的可能，也懒得去改正了。其实家长应该这样做——去观察孩子的优点，在指出孩子弱项的同时也要表扬孩子的长处，这样才不会让孩子觉得自己一无是处，这样才能让孩子健康发展。

"金无足赤，人无完人。"父母的眼光总是看着孩子的缺点，就会心生不耐烦，对孩子的批评教育缺乏耐心与信心，这会导致孩子往不利的方向发展。但如果父母在找到孩子毛病的同时，也能发现孩子身上的优点，发现他的每一点进步，并给孩子一定的赞赏和支持，孩子就会慢慢改掉坏习惯，逐渐了解家长的良苦用心，努力克服缺点。

1. 要用完整的眼光去看待孩子

有的父母只想看到孩子的成就，其实孩子的内在性格、孩子的待人接物的方法、孩子的喜好等都应该是孩子好坏的见证，即便是单看孩子的学习，也不应仅看孩子的成绩，还要看孩子平时学习的用功程度、孩子优势的学科。 家长考虑全面了，孩子的优点也就能被发掘出来了。

2. 正面强化，要让孩子有所作为

当孩子表现出自己优点的时候，最想听到的便是父母的赞赏。 所以在面对孩子的优点时家长需要及时对孩子进行鼓励与肯定，这能让孩子明白到自身的价值，强化他的优点。

3. 别把孩子的优点当缺点

一些孩子总是显得特别淘气，父母总认为这是孩子不服从管教；有的孩子很喜欢读小说，但是家长认为这是不愿意学习的表现，只知道看没有用的书……其实，孩子拥有一颗单纯的心灵，孩子对知识有着很大的渴求，假如家长不用心去了解，就不能发现孩子的优点。

4. 不向孩子的缺点妥协

孩子的毛病是一定要让他改正的，比如说懒散、不讲礼貌等。 如果父母无视孩子的这些缺点，不仅对孩子的成长有坏处，更是家庭教育中最大的失败。 同时，父母在协助孩子改正缺点的过程中，也要有自己的手段，要依照一定的规则，慢慢让孩子改掉自己的坏习惯。

高情商家教思维

1. 你认为孩子对父母的抵触心理可能是哪些原因造成的？

_____

_____

_____

2. 有哪些方法可以帮助你读懂孩子的心？（例如：重视和孩子的眼神交流等）

_____

_____

3. 你认为孩子有哪些优点和缺点？

_____

_____

4. 你认为孩子的哪些缺点是必须改正的？

_____

_____

5. 你有哪些帮助孩子改正坏习惯的方法？

_____

_____

_____

6. 记录本周和孩子间一次令你记忆犹新的对话。

家长：_____

孩子：_____

聪明的父母
总是与孩子一起学习

专心：
一次只做一件事

孩子可能会有很多兴趣点，经常不能让自己安静下来，无法全神贯注。有这样一句话："给他吃的不如教给他怎么去找吃的。"当父母教给孩子知识的时候，同时培养孩子听讲的能力，就既能让孩子的学习水平得到提高，还能让自己的教育水平得到提高，这样便是两者之间共赢。

有一次，法国作家巴尔扎克正在写作，恰逢一个朋友来访。朋友等了很长的一段时间，巴尔扎克都没出来与他见面。中午，仆人送来饭菜，客人认为这是给自己准备的，于是就吃了。后来天黑了，巴尔扎克觉得饿了，就来吃饭。当看到桌子上的饭菜所剩无几的时候，便说："原来我已经吃过饭了！"

有一位虫类学家很喜欢研究蚂蚁，经常连续几小时趴在潮湿、肮脏的地面上，用放大镜观察蚂蚁的各种活动。周围有很多人都地不知所措看着他，他也毫不理会。

大文学家罗曼·罗兰有一次跟著名艺术家罗丹去参观他进行雕刻的屋子。面对塑像，罗丹又看到了很多不满意的地方，便重新修改，口中还自言自语，仿佛那座雕像是他的知己。修改完后，罗丹专心地看了一会儿，觉得满意了便走了，险些把罗曼·罗兰关在雕刻室里。

要想孩子的成绩得到提高，要让孩子们的智商有提升，首先就要让孩子养成像上述名人那样专心致志的习惯。要不然，别的事情也不会很快的完成，更不会有成效。父母可以从以下方面来努力。

1. 培养孩子善于集中注意力

上小学时，养成好的学习习惯才是最重要的，并且要保持持久稳定。有的孩子在做作业时，脑海里总想着电视机里正在播放他们最爱的动画片；有的孩子在做作业时，总是摇摆不定，左顾右盼，不专心；一些孩子甚至边写作业边看电视；有些事情本来应该在很短时间能做完但是却要花费很长时间……

要想集中精力，不是一件容易的事，要告诉孩子，专心学习时较高效，也可以有更多的时间去做自己喜欢的事。

2. 要把孩子学习的地方整理干净

不要在孩子的书桌上放除了书和文具以外的杂物，以防孩子注意力不集中；抽屉、柜子最好上锁，防止他随时打开；镜子不适合放在桌上，尤其是女孩，这会给她无法集中注意力的机会。

一定不要让孩子一边做作业一边看电视。电视是注意力的杀手，电视的色彩会干扰到孩子，降低孩子的自制力。电视可以开阔我们的视野，但对于孩子来说却是完全被动学习。没有思想、没有思维的被动学习不利于培养孩子想法和思维语言的发展。

3. 让孩子按时间完成应该做的事情

假如孩子有太多的作业可以让孩子分批进行。很多家长因为孩子没有足够自制力，便会在边上"站岗"，但这不是有效的方法，长此以往，孩子便会依赖你。除此之外，家长的情绪也影响着孩子的注意力，所以家长要给孩子一个完美的环境。喧哗的环境不适合孩子学习，周围环境的一切都左右着孩子的注意力。父母还要知道，注意力的集中与孩子的年龄有关。研究表明，注意力的维持都是有时间限制的：5～10岁的孩子是20分钟，10～12岁的孩子是25分钟，12岁之上的孩子是30分钟。所以，假如想让10岁的孩子60分钟坐在那里去细心的做完作业是件很困难的事情。

4. 让孩子在一定时间内专心做好一件事

经常有父母抱怨说："我的孩子办事效率低，写作业也慢。"家长要培养孩子在某段时间内完成规定的任务，做完一门功课可以允许休息一会儿，不要让孩子太疲劳。很多家长总觉得孩子行为举止很慢，但不许休息还唠叨的做法，会让他们心中很抵触，当然不会有好的效果。

5. 不要让孩子参加过多的课外补习

现在家长总喜欢让孩子参加各种课外兴趣班，但这些都只是家长自己的想法，没有考虑孩子的因素。这种做法也会影响孩子的注意力。每个孩子都喜欢玩，把他的时间安排得满满的，这样只好在课堂上自己去玩耍了。时间久了，孩子便变得注意力不集中。所以要让孩子有充足的时间玩，给孩子一个完整的时间去放松，才能让孩子写作业的时候更集中精力。

习惯性：
让孩子的记忆力有明显提高

很多父母对如何提升孩子的记忆力往往束手无策。针对这类问题，专家给出了这样的回答。

首先，家长应该对孩子有足够的信心，要让孩子相信自己的能力，记忆力并不是天生的，可以用一定的手段来完善。孩子对自己的记忆力失去自信，就会很难提高。家长千万不要打击孩子的自信心。一些家长经常拿"猪脑子，什么都记不住"等这类话语责骂孩子，这种做法只会伤害孩子的自信心、自尊心。

其次，要让孩子的兴趣得到更多的培养。大人对自己的事情都会有着很深的记忆，孩子也是如此。儿童的注意力往往不能集中，若不能激发其学习的兴趣，就不会有很好的成效。很多时候，孩子的记忆时间很短暂，记忆的主要方法是机械识记，可以让他们背诵一些简单的儿歌、诗歌。即将上学的孩子，可以教他们运用顺序记忆、归类记忆、联想记忆等方法。

我们在这里介绍一些很实用的记忆方法：

1. 提纲记忆法

如果要记忆的内容很多，不用一下子就全部记完。 可以先列一个提纲，在提纲中讲一些重点和次重点的内容，然后分时段进行记忆。

2. 组块记忆法

人们的短时记忆广度为 7 +2 或者 7 这样一个长度。 换句话说，若在很短的时间给你大量的资源和信息去牢记，那把材料分成 7 个左右的小材料块进行记忆的效果最好。 根据这个记忆法则，父母便要对这样的东西分开类别，对于类似的记忆材料进行组块式的记忆，这样一来会让孩子很轻松的记忆。

3. 闭眼记忆法

在生活中获取信息的途径是眼睛，很多人在记住某些事情的时候，闭上眼回忆的效果也会较好。 这是因为眼睛看到的东西是大量的、多数的，所以可能导致大量的心理能量都消耗在眼睛上。 因此，闭上双眼能减少心理能量的损耗，这样便可以把自己的精神放在一个上面。

4. 想象记忆法

想象记忆法一般适用于抽象的、不容易被理解或认识的。 如果要记忆地理知识，将这些形状与现实生活中的实物对比，这样一来便变得很容易区分。 例如，中国的版图像公鸡，头是东北三省，胃是福建，尾是新疆；意大利的版图像靴子形状等等。

每个人都需要记忆力来记东西，这对当下的孩子来说更是很重要。 有些学生在学习上，也努力了，可是并没有很好的学习成绩。 除了学习方法可能有问题外，可能的原因便是没有好的记忆力。 学了后面忘了前面，记住今天又忘掉昨天，总不能灵活运用所学的知识，学习效果自然不会好。 最后便会让孩子的积极性、自信心受到挫伤，就有可能自暴自弃了。 作为家长，我们要杜绝这样的事情发生，用智慧来解决这些事情。

让孩子有时间去做
自己喜欢的事情

    从小学起小琴就一直名列前茅，但是在初中的时候，她总觉得自己有些恍惚，无所适从，学习还很累。老师也觉得孩子在学习上出现了问题，特别是自习课，她总是东张西望，不知道自己该做什么，有一次考试，竟然很长时间写不完一页卷子。为此，妈妈说了她好几次了，但是没有什么效果。平时与她聊天，妈妈感觉这孩子也有上进心，可就是看不到改变的迹象，父母该怎样做呢？

    看到这种情况，心理专家认为：孩子在小学的时候很聪明，进入中学后就不一样了，这是有原因的，应该做好引导工作。其实，刚上学时，是孩子从儿童时期向少年时期的过渡。每个阶段都有不一样的情况。比如，小学一节课是 40 分钟，初中变成了 45 分钟。虽然只多出来 5 分钟，可是没有给孩子一个心理上的暗示，便会经常感到疲劳。另外，孩子在初中的时候，课程量骤增，孩子会感觉特别忙，也会有较大的压力。两个阶段的老师的教学手法也是不同的，如果小学阶段的学习方法用在中学，就会觉得很吃力。所有的一切导致了孩子的失败。

　　小琴一直名列前茅，这表明孩子并不笨，积极进取的孩子会主动给自己定目标，这种目标也无形中给孩子增加了压力。这种压力之下如果没有合理的计划，孩子肯定会身心俱疲，当然也就不会有好成绩了。

面对这样的情况，建议家长从以下几个重点入手：

1. 让孩子做事情按顺序来，不要盲目

　　把要做的事准备好，准备好一天的学习任务，把目标尽量缩小化、简单化。 就算是一节自习课，也要安排好自己的任务。 一开始，可以和孩子一起商讨计划的细节，这样很简单。 渐渐地，还要让孩子自己去准备，做出安排。 安排好后还要仔细检查，这样就能够按计划完成任务，要是达到目标有难度，就要调整自己的方法。

2. 要帮助孩子合理地计划和安排时间

　　如在做作业、练习时，要先考虑各科学习任务完成的先后顺序，做到时间的合理分配，之后再将精力放在计划上面，这样就不会手忙脚乱了。 父母也应该引导孩子将这种有目的、有计划的事情放到生活中去。 这样一来孩子的心情便会更加阳光，恢复往日的笑脸了。

　　树立一个良好的时间观念，是百利无一害的。

认同心理:
培养孩子学习的兴趣

　　"如果孩子不想去上学怎么办？""孩子不用心去做功课，怎么办？"不少家长整天为这些问题担心。其实，每个孩子对新鲜的事物都有好奇心。但随着年龄的增长，有的孩子逐渐开始有了厌恶学习的感觉。

　　培养孩子的学习兴趣的是家长的主要任务。有的家长抱怨："孩子每到该去学习的时候便会有很多的事情，或者找借口耽误学习时间。"其实不学习并不是孩子的错误。对一个刚进入小学的孩子来讲，他们尽力用自己的心去探索和追求对于自己来说神秘的事物，而学习并不一定会激起孩子的好奇心。孩子在不愿意学习和交流时，家长应该先反思自己。相关调查研究表明，讨厌学习的孩子，父母也有一定的责任。

1. 容易动怒
当孩子不做功课时便拳打脚踢，总喜欢打骂孩子。孩子表面上服从于家长的权威，但心中十分恐惧。

2. 吝啬表扬

在大多数的家庭中，父母经常会对孩子们进行批评和责备。其实，成绩下滑，孩子本身心里就不好受，如果家长不鼓励他们，便会打击孩子的自信心。在培养孩子学习兴趣期间，家长应该多关注孩子的进步，不要总是在说教和责骂。

3. 不切合实际的要求

很多家长在临近考试的时候，便要求孩子必须考第一名。这些父母应该思考一下，这样的要求现实吗？成绩的好坏取决于多方面，不好好考试，孩子就不再是心中的好孩子了？考100分又能怎样？

4. 不让孩子玩

家长应该懂得劳逸结合，不要让孩子太累。一些家长不让孩子休息，孩子刚打开电视，就会问："作业写完了吗？怎么又去看电视？"

5. 作业负担重

大部分家长还会自行给孩子留很多作业，这也在无形中增加了孩子的心理负担。

让孩子保持
愉快的学习情绪

要知道，当孩子开心的时候会觉得学习很有乐趣，学习更有动力，所以家长就应该：

1. 不要操之过急

家长应该对孩子的学习能力有所了解，然后与孩子共同制定一个学习目标，一定不要给孩子施加过大的压力。

2. 要保持自己愉快的心情

家长的情绪会直接影响到孩子的情绪，所以，指导孩子学习时，家长要有积极向上的情绪，这样的情绪会令孩子认为学习是一件十分愉快的事情。

3. 帮助孩子一起解决问题

当家长发现问题出在孩子能力之外的时候，一定要想办法帮孩子解决，不然孩子会产生畏难情绪。

4. 用游戏性的语言对孩子提出要求

很多家长给孩子提建议的方法都不正确，他们觉得孩子只要能明白自己的意思就行了。 其实，用游戏性的语言跟孩子说话很有用。

一次，朋友来家做客，主人的孩子玩得正开心。这时，孩子的母亲微笑着唱："乖孩子，你该弹琴了，叔叔婶婶再会吧！"随后轻轻地拉了拉孩子。孩子果真愉快地放下了手中的玩具，对客人打招呼后，便跟着母亲来到另一个房间。这位母亲用游戏的语言唤起了孩子学习的兴趣。相反地，假如这位母亲换个口气对孩子说："该练琴了，快点去！"即使孩子放下手中的玩具，跟着妈妈去练琴，也不会甘心情愿地去学习！

5. 给孩子恰当的关怀和鼓励

家长应该给孩子一个属于他自己的空间，多多鼓励孩子，培养孩子独立学习的习惯。

晓伟还在上小学，他家房子不大，爸爸在他的床边放了一个小书桌，在桌子的左上角安装了一盏灯。每天晚上全家吃过饭后，各干各的事：爸爸坐在沙发上看报，妈妈在厨房收拾；孩子也会走到他的书桌前，认真地学习。这时，父母便会过来对他说："我知道你一定会把功课做好的，你长大了，爸爸妈妈对你很放心。"有了父母的鼓励和支持，孩子便养成了这种自觉的习惯。

6. 帮孩子建立起自信心

对于孩子的优点，父母要及时告诉孩子，一定要让自己的孩子充满信心。 一位成功人士说，他小时候上学较早，每一方面都达不到自己的期望，因此很自卑。 有一次他和小伙伴在家玩游戏，比其他的小朋友玩得好。 他的父亲告诉他："孩子，你真棒！ 你一定会是一个了不起的人。 你在班里是最小的，我们要共同努力，你一定会追赶上别人的。"从此，他对自己充满信心，发现了自己的优点，并开始努力读书，成绩很快就提上去了。

7. 用积极的眼光看待孩子

现在的家长太过看重分数而忽略了对孩子潜力的开发。其实孩子的成绩不重要，经常鼓励孩子、发现孩子的潜能才是最重要的。 如果孩子已经尽力了，就算暂时得不到好成绩，也要理解孩子，不要过分施压。

高情商家教思维

1. 你的孩子是否具有足够的专注度？ 有什么方法有助于提升专注度？

_____

_____

2. 可以让孩子一边看电视一边做作业吗？ 为什么？

_____

_____

3. 如果孩子做作业不专注，家长是否可以在旁边"站岗"，督促孩子写作业？ 为什么？

_____

_____

4. 家长要如何帮助孩子在学习和兴趣爱好间取得平衡？

_____

_____

5. 你有哪些可以教给孩子的记忆方法？

_____

_____

6. 你认为孩子在时间安排上是否合理？ 如果答案是否定的，你该如何帮助他？

_____

_____

_____

夸一夸孩子更优秀

学会用欣赏的眼光
看待孩子

欣赏孩子是指要看到孩子的优点并且多表扬他们。 人性中高层次的需求之一，就包括希望被人赞美、让他人满意。现在，大部分孩子都能在物质方面得到满足，在不缺乏物质的条件下，精神方面的满足是他们所需求的。 孩子迫切希望得到他人，尤其是和他们最亲密的父母的关注与赞赏。 经常被家长表扬的孩子通常很容易自我认同，比起很少受到赏识的孩子，会更相信自己的能力，以后做事情就更有信心了。

丽丽是个 10 岁的小女孩，她长相普通，性格也不开朗。一天晚饭后，丽丽与父母坐在沙发上看电视。他们将频道调到一档少儿节目，一个和丽丽年龄相仿的女孩身着白色的小礼服，宛若一个天使在表演。她的小提琴拉得很美妙，观众们都被这美妙的琴声所陶醉。丽丽的爸爸看到这个女孩的表演不禁赞美说："这孩子不但长得好看琴也拉得好，唉，当初也让丽丽去学乐器就好了。"

敏感的丽丽听爸爸这么说，失落地噤声了。与那个完美的"小天使"相比，自己根本就是一只丑小鸭。妈妈察觉出了丽丽的情绪变化，她微笑着抚摸女儿的头，温柔地说："为什么偏和别的孩子比啊，咱们家丽丽也很出色。"丽丽低着头看着妈妈，低声说："妈妈，我没她漂亮，什么乐器都不会，你还会喜欢我吗？"妈妈听了笑着对丽丽说："傻孩子，妈妈也不如电视上的明星漂亮啊，你还会喜欢妈妈吗？"丽丽毫不犹豫地说："我还是会喜欢妈妈。"

妈妈说："一个道理呀，妈妈也不会嫌弃你。再说，一个人受不受大家的认可和她长得漂亮与否并没有太大联系，真正的原因在于她是不是懂事听话。我们丽丽那么乖巧，又心地善良有礼貌，大家都很喜欢你啊。"

丽丽若有所思地点点头，然后问道："那我需不需要会拉小提琴呢？"妈妈说："这是一项爱好，学什么都不是给别人看的，关键看你感不感兴趣。你不会任何乐器，但你很有绘画天分啊。有这一点，妈妈就足以为你骄傲。"妈妈的这一番话，让丽丽又高兴了起来。

"赏识教育"是每个家庭都应该要教给孩子的。如今，多数父母发现孩子优点还不能做到持之以恒。很多家长都有这样的误区，即混淆了赏识和赞美，认为赏识就只是夸孩子一句"你最棒"。而实际上，对孩子进行赏识远不是表扬几句这么简单。赏识应该是一种对孩子满意的态度，当你把这种态度贯穿到教育孩子的整个过程中，孩子才会真正被这种力量所震撼。

孩子往往会从赏识教育中得到莫大的精神力量，这种力量对孩子提高信心有帮助，还有助于促进孩子智力发展和身心健康，进而提高孩子在学习和生活上的斗志与自信，激发孩子更加努力，给孩子带来一个积极向上的童年。 那么，家长该怎么做呢？

1. 赏识孩子心灵

"好看""招人疼"是很多家长夸孩子时常用的词语，然而孩子经常被这样夸也会带来负面影响，他们会虚荣心强，也容易因为过于注重外表而不注意自己内在的修养。 作为家长，应该尽量避免夸奖孩子本来就具备的东西，要多夸奖孩子的内在优点，也就是所谓后天形成的优点。 例如，与其说孩子长得漂亮，不如夸他待人有礼貌；孩子的成绩优秀，要多夸孩子勤奋努力。

2. 全面赏识孩子

对自己的孩子应该有全面的认识，不应该只夸奖自己认为重要的事情。 一些父母只看重学习成绩，这对孩子的全面发展毫无益处。

3. 赏识孩子要说出口

用肢体语言表现出对孩子的赏识，孩子可以从中感受到父母对他们很满意。 夸奖的话不但可以鼓励孩子奋发图强，更可以使亲子关系和谐，让家庭氛围也更适合孩子成长。

4. 从小事开始赏识孩子

孩子的长处父母要细心观察，这也是善于赏识孩子的父母的必修课。要学会赏识孩子的自身特点，即使是微不足道的成绩都要表示赞扬，认真观察孩子的拼搏过程和他心灵的闪光处，即使是一点点的进步也要对孩子进行赞赏。

多鼓励孩子，
让他更自信

　　很多儿童教育专家都十分强调鼓励孩子。研究表明，鼓励是使孩子获得自信的最主要的方法。一位著名的教育家曾多次提到："孩子离不开鼓励，就好比人离不开空气。没有鼓励，孩子将无法健康成长。"不过很遗憾，许多父母并不注重鼓励，他们更注重如何矫正孩子的错误行为，很少考虑孩子的行为究竟表现了怎样的心态。有的父母在孩子犯错后只会进行打压或批评嘲讽，孩子的信心受到严重打击。事实证明缺乏鼓励的孩子大都缺乏自信心，很难获得成功。

　　晓丽天生一副好嗓子，歌声很美，也不跑调，常在家唱歌给爸爸妈妈听，父母都觉得她很有这方面的天赋。但是晓丽性格内向，不敢当众唱歌。有一次，晓丽的学校举办合唱比赛，要找一个领唱的女孩。晓丽回家告诉了妈妈，妈妈鼓励晓丽去报名。晓丽非常愿意，但是担心唱不好会被大家笑话。妈妈明白了晓丽的忧虑，鼓励晓丽说："妈妈认为你比别的同学唱得都好听，妈妈希望你勇敢地尝试一下。你努力了，就不会有人嘲笑你的，相反，大家会很佩服你。"

在妈妈的鼓励下，晓丽壮着胆子去报名。正如妈妈所料，老师立刻决定让晓丽做领唱。妈妈得知后很开心，对晓丽说："妈妈早知道你会被选中，你是最棒的。经过排练，你还会有很大进步的。"晓丽点点头说："我会努力练习的。"演出的日子很快就到了，妈妈特意请假，来为晓丽加油。上台前，晓丽感到十分害怕，妈妈安慰她说："不用担心，你唱得很棒。一会儿你就看着妈妈的眼睛，想象妈妈就在你旁边，你就像平常一样，在家里给妈妈唱。"妈妈的话让晓丽备受鼓舞，最后超常发挥，观众都被她的歌声征服了，老师和同学们也都对晓丽赞赏有加。这次公共演出让晓丽比以前自信多了，妈妈更是为她高兴。

在孩子看来，他们需要家长的鼓励来提升自信、来增加对生活的热情。而身为家长，孩子在成长中犯错误不可避免，要给予足够的理解和宽容。孩子在成长过程中表现出来的长处，要给予充分肯定和激励。当孩子遇到困难时，父母要鼓励孩子正视困难，走出失败的阴影，重获成功。孩子在成长的时候，鼓励是极其重要的，其产生的信心可以影响孩子的一生。在正确的激励下，孩子才能更全面地认识自己，充分挖掘自己的潜力，进而取得更大的成功。

鼓励是父母在孩子成长过程中最好的礼物，是孩子进取、向上的动力。孩子在被教育的过程中，鼓励的作用不容忽视，它给予了孩子认可和赞扬，也让他们懂得自重。由此可见，为人父母者应当重视鼓励，注重技巧，以便帮助孩子在复杂多变的人生旅程中走得更加稳健，更加踏实。

1. 用"具体"的方式鼓励孩子

家庭生活中，父母经常会对孩子说"要认真干""要多用功"等这种抽象、模糊、没有实际意义的话，产生的效果也微乎其微。对孩子的鼓励要清楚、易懂并且具体，例如鼓励孩子学好英语，父母与其说"你一定能学好英语的"，还不如说"我觉得你对语言很有天赋，一定能把英语学好，你认为是报个班好，还是妈妈买些书和光盘回来你自学？"这样一来，孩子既获得了勇气，也不会不知所措，无计可施。

2. "激将法"是不错的选择

人的潜力是无限的，每个人都有不服输的信念。在孩子做事的积极性不高或者是兴趣不大时，家长可以运用激将法来激励孩子，增强孩子的勇气，坚持下去。但同时要注意好分寸的把握，不应使用讽刺性语言，以免引起孩子的反感，取得相反的效果。

3. 适度表扬

家长在对孩子进行鼓励时，要结合孩子的实际情况，不要鼓励孩子去做超出他们能力范围的事情，这样不仅不能增加他们的信心，还会因为多次的失败而自卑，丧失积极性，同时还会对家长产生抵触情绪。

发现并重视
孩子的长处

几乎每个家长都能挑出孩子的一大堆毛病，但让他们说出孩子优点时，很多家长都说不出来了，只有为数不多的家长能说出孩子的优点。这种情况之所以会发生，并非是孩子的缺点远远多于优点，而是家长不注重发现孩子的闪光点。

宁宁今年刚上初中，因为学习成绩较差，所以在父母的眼里，宁宁身上只有缺点，并没有什么优点可言。一天，宁宁的姑姑来家里做客，妈妈很不高兴地对姑姑说："你看其他孩子都学习那么好，我们家宁宁怎么就不聪明呢？花很长时间背的单词，过一小会儿就全忘了，数学应用题他也搞不懂……"妈妈的批评让宁宁难过地低下了头。姑姑看了宁宁一眼，对妈妈笑笑说："这样说孩子是不对的，宁宁还是很优秀的。"

妈妈不屑地说："他哪有什么优点？"姑姑说："怎么会没有，我刚一进门，宁宁不仅帮我拿拖鞋还帮我放好包，如今这样细致贴心的孩子很少了。"妈妈想了想，说："是的，每当我回家，他都会给我沏杯茶。"姑姑继续说："现在多数孩子沉迷网吧，玩电子游戏，宁宁不玩吧？"妈妈回答道："他平时的娱乐也就是出去踢足球，或是待在家里看书。"

姑姑说："所以他是个懂事的好孩子。你不能只看孩子的成绩，孩子之间的特质不同，成绩难免有差异。宁宁的问题可能是出现在学习的方法上，可以让他表哥周末来辅导他。"妈妈很高兴："那最好不过了。他课余学习很努力，再掌握正确的方法，成绩一定会好的。"姑姑和宁宁都笑了。

多数父母都和宁宁妈妈犯一样的错误，判断孩子的好坏仅凭学习成绩，这样会将孩子的某个缺点过度夸大，而孩子在其他方面的优点就给抹杀掉了。孩子被这样的标准衡量，自然觉得自己很糟糕。父母对孩子的教育是不是成功，关键在于是否能让孩子的特长最大限度发挥出来。只有知道了孩子的闪光点，才能让他的潜力发挥作用，利用特长获得成功。父母如果能够把这些优点放大，就可以帮助孩子知道自己的潜能所在，让自己的各种能力得到提高，成为人生的赢家。

孩子的优点被家长发现，能使孩子变得更加积极向上。父母的表扬可以帮助孩子树立信心，对自身的能力有了正确的认识，他们也会自觉加强自己的优势，避免弱势。那么，这么做的结果是否就说明家长可以不去管孩子的缺点呢？答案自然是否定的。 家长在寻找和放大孩子优点时，有以下几个问题需要注意：

1. 以乐观的心态看待孩子

以乐观的心态看待孩子是每个家长都应该做到的。 其实，对孩子细心观察一下，父母会察觉到孩子一直在进步，比如对某些问题认识的提高，对一些问题分析得更全面；也可以是由学业进步体现出来的科学文化知识的积累增加；还可能是课余活动有突出表现，或是在文体方面有所提高。 父母要从孩子每一次的细微进步中发现孩子隐藏的优点，并有意放大这些优点，孩子的优点便会被强化，从而有更大的进步。

2. 将孩子的优点"迁移"

一些父母常常抓住孩子的缺点不放，但往往是投入了很多时间精力，效果却不甚理想。 父母应该将孩子在其他方面所表现的优点扩大，再用适当的方式利用优点去影响缺点。比如孩子对学习缺乏信心，却擅长运动，父母就应从这方面培养孩子，让孩子在自己擅长的领域里获得自信，与此同时，父母要在恰当的时候给孩子暗示，他只要足够努力便一定可以获得成功，孩子慢慢也会建立起对学习的信心。

3. 缺点也可以变成优点

单方面强调孩子的优点或是缺点，都不正确。 虽然我们提倡家长多发现孩子的优点，但绝不是忽视孩子的缺点。 父母的帮助可以让孩子将缺点转化为优点。 例如一些喜欢动的孩子，他们反应快，不过缺乏耐心，父母可以分配给他们一些有趣的手工活，例如组装玩具模型，孩子既能从中培养动手能力，又能够锻炼他们的注意力，培养他们的耐心和毅力。

用赏识的眼光
看待孩子的调皮

在大多数家长的眼里，似乎只有文静、听话、老实才是好孩子的标签。对于调皮好动的孩子们，多数家长往往会忽视了"淘气"背后那活泼机灵的本性，将注意力放在孩子因为"调皮"而造成的"不良后果"上，对孩子从中表现出来的闪光点视而不见。很多家长对孩子这样的表现采用消极方式进行教育，这会给孩子们的幼小心灵造成很大的伤害，甚至容易引发严重的后果。

小池今年刚满 5 岁，非常活泼调皮，总是不听话，爸爸妈妈为此很伤神。过生日时，妈妈送给他一盒水彩笔。从此，小池就爱上了绘画。没事的时候，他就坐在茶几的小板凳上心无旁骛地画画。爸爸妈妈总是表扬他画得很好，小池听了更是劲头十足。

有一次，妈妈去厨房准备晚饭，只留下小池独自在客厅。她为小池准备了很多张白纸，对小池说："妈妈要做晚饭，你自己乖乖画画好吗？"小池懂事地点点头，说："没问题。"看着小池在纸上画下了各种图案，妈妈就放心地离开了。然而当妈妈再回到客厅的时候，眼前的一幕把她惊呆了——小池的画板不再是白纸而是客厅洁白的墙壁。顺着画迹低头看，白色的真皮沙发上也全都是水彩笔道。

妈妈愤怒中举起了手要打小池。小池嘴一瘪哭了起来，边哭边委屈地说："我觉得墙上没有图案，一点都不好看，所以才给它画画的。沙发是不小心蹭脏的。"这时气急败坏的妈妈再也不想听小池的"狡辩"，一把抓过小池的小手打了一下。小池觉得自己被冤枉了，他想不通为什么会挨打。而且，在他看来，现在的墙面比起以前要好看许多，而爸爸妈妈也常夸他画得好，那在墙上画怎么就不可以呢？

多数研究表明，"淘气"的小孩一般比较好动，求知欲强烈。有句俗话叫"淘丫头出巧，淘小子出好"。多数情况下，人们认为淘气的孩子聪明、想象力丰富、动手能力强。要是教育得好，小时比较淘气的小孩子长大以后会比那些循规蹈矩的小孩子成就更大。但是现在很多家长不认可淘气的小孩，因为在他们看来，这种小孩不听话，不易管教，令人头疼。可家长们却不知道，在他们迫使孩子听话的同时，孩子的无限创造力和想象力也说不定被抹掉了。

当孩子成长到一定程度时，淘气是一种避免不了的情况。这个时候父母对待孩子淘气的不应该加以限制，不该把他们探索新奇世界的行动判定为不正确的。家长应当使用恰当的教育方式，以不违背孩子心理状况为前提，让孩子拥有自控能力。

1. 要时刻注意关心孩子

当家里有客人时，大多数父母都想让孩子离远一点，唯恐孩子不听话而惹祸。 要知道孩子之所以在这种时候不听话的原因不外乎就是认为自己不被关心，为了吸引大人的目光，家长在会客时，不应该对孩子不闻不问，也应适当地谈论一些孩子可以参与的话题，比如最喜欢看的动画片、在幼儿园的小伙伴等，这会让小孩子产生一种大人们在关注他的感觉，他会很主动地参与交谈，也不会故意制造事端来吸引注意。

2. 让孩子始终保持兴趣

父母要在孩子无事可做的时间安排一些活动，防止孩子用"淘气"来表达自己的不满情绪。 例如，如果孩子要等待家长很长时间，父母应在此之前为孩子备好小食品、玩具等，或是教他一些可以一个人玩的小游戏，让孩子有事可做，一直专注于一件事上，就不会因为不耐烦而淘气闯祸了。

3. 经常讲一些常识和规则给孩子听

家长要经常教育孩子在别人家做客时要讲礼貌、在车厢里乱跑乱动不安全等社会常识，也可以用奖励的办法来帮助孩子自觉遵守社会规则。 但事实上，孩子生来喜欢活动，不应过分抑制，而孩子的自我控制能力会随着年龄的增长越来越强。

高情商家教思维

1. 反思一下，自己是否用欣赏的眼光看待孩子？ 是否给予了孩子足够的赏识与赞美？

_____

_____

2. 你是否认同"孩子离不开鼓励"这种说法？ 为什么？

_____

_____

3. 你从本章中学习到了哪些鼓励孩子的方法？ （例如：激将法等）

_____

_____

4. 家长在寻找孩子的优点时，有哪些问题要注意？（如：以乐观心态看待孩子等）

_____

_____

5. 你认为有哪些常识和规则是必须灌输给孩子的？

_____

_____

6. 孩子淘气，可能是哪些原因造成的？

_____

_____

孩子有了坏习惯

怎么办

孩子撒谎怎么办

孩子无论善意的或者恶意的谎言行为都是不好的，若养成一种习惯，将会影响孩子一生，因此父母一定要帮孩子改正。很多父母认为，孩子小小的谎言中是没有危害性的，甚至还感觉他们很可爱，其实这有很大的隐患。一旦把撒谎当成了习惯，也就为孩子长大后犯错埋下了根源，而且不容易改变。

孩子在两三岁时，认知和语言能力发育还不成熟，他们还不能意识到话语和行动之间的关系。通常，当孩子长到四五岁，他们就知道故意说谎是不对的。事实上，孩子只要稍微大点就很崇尚事实，假如发现有亲人欺骗他们，他们便会愤怒。

随着孩子年龄的增加，大多数孩子的情商也会相应得到提高，但针对诚实来说却不是这样。五岁时大多孩子还认为说谎是不对的，自己从未说过谎的占75%。但是到十一岁时，却只有28%的人觉得说谎是错误的，基本上每个人都说过谎。 随着不断长大，孩子开始区分谎言的类型和轻重程度。

导致孩子说谎话的原因有很多，一些可以被理解，有的不能被理解。 为了免受惩罚、得到自己想要的东西或让同伴羡慕是幼年孩子说谎的主要原因。 尽管人在成长过程中不可避免地撒谎，但是如果孩子习惯性说谎就成问题了。 一位儿童心理学家说，撒谎会使父母处理问题很困难。 谎言使两个人距离越来越远，互相信任的关系就被损坏了。

调查显示，爸爸妈妈如果经常说谎，孩子也会这样。 另外，管教不多、对孩子不闻不问的家庭出来的孩子也爱说谎。 自己说过谎人人都是承认的，但父母也该清楚说谎对孩子有什么影响。 父母要在家里经常探讨诚实的重要性，让孩子养成诚实的习惯，这有利于孩子变得诚实正直起来。

列宁是俄国十月革命的领导人，性格开朗活泼好动是他小时候的特点，家里的东西常被他弄坏。

他8岁的时候，母亲带他到姑妈家中做客。列宁一不小心把姑妈的一只花瓶打破了，只是当时没有人看见。碎花瓶很快被姑妈发现了，便问孩子们："谁把花瓶打破了？"孩子纷纷说不是自己。小列宁认为这是在姑妈家做客，担心在说出实话之后被责备，所以他顺着大家的回答也说："不——是——我！"

但是，母亲看出了小列宁在撒谎，知道花瓶是他打碎的。因为小列宁特别淘气，类似的事情在家也常发生，但是每次小列宁都主动承认错误，从不撒谎。列宁妈妈在想：这不是一件小事，小列宁撒谎这件事情要怎么对待呢？当然，最省事的办法就是严厉处罚他，但她并没有这么做，她要帮列宁纠正错误，让他主动认错，养成诚实的好习惯。

此后很长时间他们都没提这件事，但是列宁妈妈通过给列宁讲故事教育他要诚实守信，目的只有一个——让孩子真正从内心认识到自己做错事了。此后，列宁妈妈明显地感觉到，列宁不再像以前一样活泼了，他似乎正在被什么郁闷的事情所折磨。一天，妈妈跟平时一样，边讲故事边抚摸他的头。小列宁突然大哭起来，伤心地告诉妈妈："我撒了谎，并且欺骗了姑妈，我打碎了姑妈家的花瓶，但是没有承认是我干的。"听着儿子羞愧难受的述说，妈妈很耐心地劝慰他，说："好孩子，你是好样的，这没什么，好孩子应该勇于悔过，赶快给姑妈写封信，告诉姑妈你犯了错，姑妈知道后一定不会责怪你的。"

妈妈帮着小列宁给姑妈写了一封信，向姑妈承认错误，说花瓶是他打碎的，并请姑妈原谅。不久，姑妈就给小列宁回信了，信里，姑妈不仅原谅小列宁，还对小列宁勇敢承认自己的错误进行了赞扬。小列宁得到姑妈的原谅，自然十分高兴，又像原来一样活泼可爱了。他还告诉妈妈："诚实真好，心里踏实，也不用有思想负担了。"儿子和妈妈一起笑了。

父母必须认识到一点：孩子撒谎不是什么可怕的事情，

可怕的是父母对孩子的谎言不管不问。 父母若想要帮助孩子不说谎，培养孩子诚实的品行，是需要耐心的。 阻止孩子说谎，培养孩子的诚实要注意以下几点：

1. 要树立良好的榜样

孩子如果说了谎话，父母最好能用一定的时间，跟孩子进行沟通。 如果孩子承认自己犯了错，孩子的诚实表现一定要被称赞，可以这么说："你虽然做错了事情，但是你勇敢承认了错误，这一点让我很高兴。"孩子最早的老师就是父母，孩子的成长深受父母言行的影响。 因此父母不要在孩子面前说谎，即便有些是出于善意，也不要说。 诚信是一个人做人的根本。 无论对事还是对人，父母一定要做到真心实意，这样才能让孩子跟你一样学会诚实做人。

2. 要找出孩子说谎的原因

假如孩子到了懂事的年龄却还是不诚实，父母应该找出原因。 下边是相关心理学家分析的几种孩子说谎的原因：

（1）为了不受到惩罚。 很多父母都认为，孩子说谎的主要原因是因为不知道撒谎会造成什么后果。 其实，说了真话可能会得到惩罚才是孩子说谎的原因。

（2）觉得无可奈何。 很多父母都没意识到，其实是父母逼着孩子撒谎的。 父母应该知道孩子也有权沉默。 当大人们在处理一些复杂的问题时，也经常什么话都不说。 如果非要孩子说话，孩子也就只能说谎话了。 要想防止出现这种状况，可以让孩子缓解一下，等大家都平心静气了，孩子会主动说出事情的真相。

（3）为了让父母开心。 皮亚杰博士作为著名发展心理学家，他认为四岁以下的孩子判断自己是否做了恰当的言行时，通常会看父母脸上的表情。 所以为了不让父母生气，他的第一反应就是不要告诉父母自己做了什么事。

（4）获得安全感。 需要安全感是孩子说谎的原因，假如父母能够给孩子足够的安全感，孩子也就不会再说谎话了。

（5）减少孩子的心理压力。 如果父母对孩子期望过高，孩子就会有过高的心理压力，这是孩子说谎的原因。 所以，父母要对孩子设立合理的期望值，让他们做出超越本身能力的事情是不可能的。 父母对待孩子要宽容，经常跟孩子沟通交流，孩子的心理障碍就会在一定程度上被消除。

总之，要认真分析孩子说谎话的原因，然后才能对症下药，正确地引导和教育他们。 父母都希望自己的孩子有成就，首先一定要让他们成为人格健全的人。

孩子懒惰怎么办

让孩子尽最大努力去学习，让他意识到水平的提高比分数更重要。当然，高分并不是每个孩子都能获得，不过这种方式会让所有的孩子都受益。当孩子学习时，父母应加以督促和引导，让他们自觉养成勤奋刻苦学习的品质。成就事业的必备条件之一就是勤奋，很多高考成功的学生都证明了这点。北京"宏志班"里的学生成绩普遍很好，在这个班级中，很多学生都家境贫寒、成绩优异。城里的孩子不一定比他们笨，而且各种硬件条件更好，但他们却跟城市的孩子一样优秀，这与勤奋是分不开的。

在国外读书的张佩就是这样一个通过勤奋获得成功的人。她从小就很勤奋，那些守株待兔、凡事总想不劳而获的人是她最看不上的。她小时候就很佩服那些勤奋学习的人。后来上学了，她每天早上六点半起床，然后进行半小时的早读，七点半吃完早饭，十一点半放学回家，再午休一个小时，晚上六点半再去上晚自习，直到十一点半才上床睡觉。她一直保持着规律的饮食起居。即便有时候生病了，也还是坚持着。后来上高中时，她在日记中这样写道：虽然理想目标都是容易确定的，但是实现目标的过程是很困难的。

每个人都是有惰性的，当确定目标时，都说得信誓旦旦，然而在真正实施目标时却只有三分钟的热度……学习的确是辛苦的，作为学生，我们每天起早贪黑的去上课，面临着巨大的学习压力，我们只有培养自己的毅力。要想在成功的路途上踏出坚实的一步，就要勤奋刻苦。

有一次她生了病，但还是坚持去学习。父母担心她的身体状况，不让她去，不过她却潇洒地说没事，坚持一定要去上自习。上自习回来，她还一再叮嘱妈妈第二天早上六点半一定要叫她起床，早上起来还得背书呢。虽然这些小事很琐碎，不过正是这些琐碎的事才体现了她的勤奋。后来成功走进剑桥大学的张佩，实在让人羡慕，这些光环的背后离不开她刻苦勤奋的努力。正如张佩在日记中说道："成功更在于实现目标的过程，谁更努力勤奋，谁表现得更有毅力和耐心，谁就能变得更优秀。"

家长该怎么做才能让自己的孩子也变得勤奋呢？这些是专家给出的建议：

1. 从父母自身做起
父母想要在孩子身上培养某种品质，肯定要从自身做起。 让孩子看到父母努力工作的景象，有利于培养孩子的勤奋品质。

2. 赞扬孩子的勤奋努力

父母要抓住孩子在生活中的表现，然后给予孩子一些赞扬，告诉他们你很喜欢他们这样。

3. 让孩子知道勤奋才能获得成功

尊重为学习而努力拼搏的孩子，"高于成绩本身"是对勤奋的评价。 这也就意味着做父母的，要更注意成绩报告单上的分数所隐含的努力，并且要学会培养孩子勤奋努力的良好品质。

孩子爱顶嘴怎么办

大多数家长认为孩子跟自己顶嘴，是不听话的表现。 实际上，他们只是想表达自己独立的思想。 父母应该看清孩子什么时候才是真的顶嘴，他们有时候只是为了表达自己的个性。 在孩子还小的时候，经常会说一些可笑的话。 就在你为此高兴时，你也会意识到，每每你让他去做什么事，他会立刻脱口而出："不要！"——孩子已经慢慢开始跟自己顶嘴了。

实际上，这是孩子成长中必须经过的过程，也是孩子正常的成长表现，他是在告诉你他已经开始有了独立意识，对任何事情也都有自己的见解。

小年很喜欢跟妈妈顶嘴。一旦妈妈叫她做什么事，她就顶嘴："我才不要这么做！这么多事情其他孩子都不用做！"妈妈说："不行！你真正做的事情很少！你都已经这么大了，这些事是你该做的了。""我已经做很多了！

无论怎样我都不会做了!"小年大声说,然后又回到自己房间了。妈妈知道,如果这样吵下去的话一定没有好结果。她决定,下次要采取不同的方法应对小年跟自己吵架。

"我必须做家务是什么原因? 人家乐乐什么都不做!"这天,妈妈让小年去丢垃圾,她又开始吵闹。"小年,你太闹腾了,我不想再和你争论下去。"妈妈接着说,"下次我再吩咐你干活,希望你直接答应,然后开始做事。""为什么? 我才不要这样"小年生气地说。小年的态度不被妈妈理会,妈妈继续说:"假如你照我的话做,你就能够去做自己喜欢的事情了;假如你继续吵闹,我会给你更多的工作。明白吗?""我不明白! 我就是什么事都不做!"小年还是很大声地说话。"很好,你现在就有一个工作要做。"妈妈温和地说,"现在去打扫客厅,做不完这个别做其他事。"小年开始耍赖,她什么都不做,然后快速奔回了自己的房间。

吃晚饭时,她发现餐桌上没有她的碗筷。"为什么没有我的?"她问。"如果你做完我吩咐你的事,自然会让你吃饭。"妈妈回答说。小年顿时懂了。客厅很快被打扫干净,而且也把垃圾倒了。"妈妈谢谢你。"晚上睡到床上,妈妈边吻她边说。从此以后,小年不再跟妈妈顶嘴了。她发现,唇枪舌战的好处没有好好听话的好处多。

通常,以下情况会导致顶嘴状况的发生:一是没顾及孩子感受,例如孩子正玩得开心,你却让他立刻去睡觉;二是交流不够，孩子认为父母总是干涉自己，因此就会顶嘴；三是父母对孩子太溺爱，一般对长辈有恃无恐的都是被溺爱的孩子；四是父母的反面榜样作用，假如父母经常和家庭其他成员顶嘴，孩子也会效仿家长这样做。因此面对顶嘴的孩子，父母要慎重对待，要合理应对真的顶嘴，如果孩子只是想表达自己的个性思想，父母也要慎重对待。

1. 要控制好自己的情绪

孩子之所以会顶嘴，是因为他们还没学会恰当地表达，父母不用生气。其实自己遇到不痛快的事而迁怒于孩子往往才是真正原因，这些父母自制力也不是很好，因此在教育孩子的时候难免粗暴急躁，孩子的心灵被伤害往往是因为这种不当的处理方法。

2. 主动了解孩子的意图

父母应该懂得，孩子表达自己的意图的时候一般很直接，不会掩饰。因此，当孩子跟你顶嘴时，你应该问问自己："小孩子会怎么想发生的这一切？"当你真正了解了孩子，就会理解为什么突然之间孩子变得那么粗鲁了。设身处地地站在孩子的角度思考问题，有利于缓和气氛和舒缓自己的情绪。父母要给孩子做出榜样，教育他们学会控制自己的情绪。

3. 提醒孩子改变说话方式

父母直接严厉地说不准孩子顶嘴，还不如告诉孩子"你换一种语气我可能更会喜欢"或"你这样说话并不是我喜欢的，试着陈述你的道理。"假如孩子正在生气，父母可以告诉孩子说："我知道你正在生气，我们的谈话在你冷静下来之后再继续好吗？"

4. 给孩子做个好的榜样

父母要以身作则，温和处事，不要心急，对长辈要尊重，这样孩子听从教导是很自然的事情了。

5. 减少对孩子的溺爱举动

溺爱的坏处是所有家长都知道的，要想减少孩子的顶嘴现象，必须消除溺爱孩子的氛围。 全家要站在同一方向，假如孩子不听话，而且顶嘴胡闹很容易看出来，这时大家要特意不跟他说话，让他感受到孤立，让他承受这样做的后果。如果他变得讲道理听话时，就要对他进行一些恰当的鼓励。

青少年
网络成瘾怎么办

　　父母的文化程度对青少年网络成瘾有很大关系。　如果家长的文化水平为高中以下，那么孩子上网成瘾的就比较多；如果父母学历在本科以上，孩子则不容易上网成瘾。　父母的职业对网络成瘾也有很大影响，工人家庭的孩子网络成瘾比例较高，这跟父母能否及时指导孩子如何使用电脑上网有很大关系。　相关统计表明，近一半的孩子玩电子游戏，而他们的父母不知道，27%的家长根本不管孩子是否沉迷于游戏，19%的家长知道孩子玩游戏，具体的游戏内容也不知道。

　　网络游戏一般很容易让人上瘾，有生动的故事情节，玩游戏让人们感觉惊险、紧张与刺激。　网络游戏具有交互性，通过操作游戏使结果改变，就会从中感受到神奇的力量，满足孩子的心理需求。

　　一般来说，网络依赖的干预方法有：

　　(1)学会管理时间；

　　(2)对孩子进行监督；

（3）为孩子制定目标；

（4）特殊的网络使用行为应该被禁止；

（5）经常进行提醒；

（6）记住自己是什么时候使用网络的；

（7）下载一些程序，计算机屏幕上弹出窗口定时提醒；

（8）进行相关治疗。

上述几种方法，是通过各种渠道从行为上做出限制，对网络依赖者进行强制控制。 不过，让孩子从根本上解除这种依赖，可以针对不同类型的网络依赖者采取不同的干预方法。

让他为
自己的错误"买单"

　　小航放学回家以后，随手把书包往沙发上一扔，谁知道这一扔就扔出了事儿。他的书包把遥控碰到了，遥控器掉到地板上摔碎了。他看着地上散落的遥控器碎片，脸上露出了复杂的表情。小航弯下身拾起碎掉的遥控器，心里想：这下完蛋了！要是妈妈知道了，她肯定会特别生气的。

　　小航犹豫了一会儿，还是决定把遥控器藏起来，藏到哪里好呢？试了几个地方他都觉得不满意，最后，他把遥控器藏在了书柜里，然后回房间写作业。忐忑不安的小航写作业也静不下心，突然，他站起来在房间的抽屉里翻来翻去，最后从抽屉里翻出一瓶万能胶，原来他是想用万能胶把遥控器粘好。

　　在他的一番努力下，本来碎掉的遥控器已经被粘好了。不仔细看的话，是看不出来摔过的。他悄悄把遥控器放在了原来的地方，心中暗暗地庆幸。

妈妈下班回来后，叫小航过来吃好吃的。小航听到有好吃的，便飞快地跑了过来。不知怎么搞的，他一看到妈妈的笑，心里就又打起了小鼓：我应不应该向妈妈坦白呢？如果坦白了，妈妈会不会骂我呢？不管了，骂就骂吧！小航硬着头皮走到妈妈身边，用抱歉的口吻说："妈妈，我做错了一件事，您能原谅我吗？"妈妈听到小航的话并没有生气，她说："怎么了，你是不是闯祸了？"小航觉得妈妈太神了，连他做错事了都猜到了。于是，他把事情的经过对妈妈讲了一遍。妈妈知道事情的缘由后，笑着对小航说："你个小家伙鬼点子可真多！小航，能够认识到自己的错误并承认错误的孩子就是好孩子，妈妈不怪你。"听完妈妈的话，小航才是真正地如释重负。

小航的故事告诉我们：无论做错了什么，都要敢于为自己的错误"买单"。一位哲人曾说过，犯错误是人的惯性行为之一。其实，错误本身并没有那么可怕，可怕的是当错误变成事实的时候，我们选择了逃避。

当孩子犯错误时，父母不应该替孩子的过失行为承担责任，父母应该让孩子为自己的过失行为承担起责任。父母要注意：躲避责任的做法，只会让孩子一错再错。

父母要从小培养孩子的责任心，一个敢于为自己的错误"买单"的人，才会有着坚不可摧的力量。

高情商家教思维

1. 你如何看待孩子撒"善意的谎言"？

_____

_____

2. 导致孩子说谎话的原因有哪些？

_____

_____

_____

3. 家长怎么做才能让孩子变得勤奋？ （例如：赞扬孩子的勤奋努力等）

_____

_____

4. 大部分家长认为孩子和自己顶嘴是不听话的表现，你是否认同这种观点？ 为什么？

_____

_____

_____

5. 哪些情况可能会造成孩子顶嘴情况的发生？

_____

_____

6. 网络依赖的干预办法有哪些？

_____

_____

男孩穷养、
女孩富养

金钱不能
保孩子富贵安康

有很多父母，他们不是用心良苦地教育孩子，而是千方百计地为孩子积累钱财。 这样做的结果只能是：让孩子丰富了物质，贫乏了精神。

有这样的一个故事：

北京有一所著名的外国语学校，这所学校教学质量好，进入这所学校的人就相当于一只脚迈进大学。凡事有好也有坏，想进这所学校也是要经过层层筛选的，据了解：小学毕业生要经过语文、数学两门学科的测验，考试题目比奥林匹克竞赛题还要难。如果测验不及格的话，就要花费 5～10 万元的"赞助费"。

张明的学习成绩起伏很大，为什么这么说呢？原因是：他很聪明，属于"三天打鱼两天晒网"，说他几句可能成绩就上去了，不管他的话，成绩马上就下来了。总的来说，他的成绩在班里也就是中等。

为了让儿子上个好学校，他的爸爸可是下了大功夫，可谓是两手准备，先是找人安排他参加入学考试，再把"赞助费"给准备好。张明的父母在北京也算是"金领阶层"了，所以准备这笔"赞助费"毫不费力。他还对邻居说："上外语学校是最好的出路，张明一定要上这所学校，别说是5万10万，就是20万，我也供得起。"

　　离考试的日子越来越近了，可张明的父母发现他越来越不用功了。学生不好好学习这怎么得了？父母就问他是怎么回事，张明一脸的无所谓，说："你们不是说好准备花钱让我进去的吗？那我还那么用功地学习干吗？"他的话让父母噎得半天没说出话来，儿子有这样的思想真是自己的错啊。出"赞助费"本意是想要张明坚定好好学习的决心，就算是没有成功，也还有其他的办法。

　　故事中的父母可谓是给儿子挖了一个"金钱陷阱"，他们想用金钱为儿子的学业铺路，可不想给儿子的"一针强心针"变成了"一针镇静剂"，让孩子发现一切问题都可以用钱解决。

　　这个故事的结果可想而知，张明的父母最终用10万"赞助费"让他踏进了那所学校的大门。父母们看到这个故事一定很有感慨吧！不管是自己还是周围，这样的故事太普遍了。

　　社会上曾经流行过一首歌，歌词中痛数金钱的危害性。其实，金钱的本身是没有过错的，但父母在孩子面前历数金钱的好处，那就有过错了。 大人们总是希望孩子能够在学校里好好学习，然后考上一个好大学，找到一份好工作，然后挣大钱。 但孩子可能不是这么想的，孩子需要在学习的过程和成长中释放自己的天性，孩子天生就有求知欲和探索欲，如果这种求知欲和探索欲丧失了，只剩下了赚钱的念头，那必定是家长教育的失败。

当被问道：你最希望孩子怎么样呢？ 我想大多数人都会回答：大富大贵和健康。 但随着孩子的年龄增长，父母的要求也就不再那么高了，渐渐他们只有一个要求，那就是——幸福。 那怎么才能幸福呢？ 幸福又意味着什么？ 它又从何而来？ 很多人都在试图诠释幸福这个词，但他们口中的答案始终不一，有的说万贯家财便是幸福，有的说能吃饱饭就是幸福。

或许，我们的要求不同，对幸福的定义也就不同。 对5～10岁的孩子来说，幸福就是用钱买到自己想要的东西，如各种各样的糖果、新款玩具、迪士尼乐园游玩、名牌服装、最新电子产品等。

当孩子慢慢长大的时候，他们对金钱的认识也就越来越清楚。 有的孩子在十三四岁的时候就知道和同学攀比了，他们能如数家珍地说出各大知名品牌，有的孩子还会跟父母说："小德家有一辆越野山地车，我也要！"这种对比性的心理会给孩子带来无形的压力，随着年龄增大还会加剧。 对于这种现象，父母不能置之不理。

金钱确实能买到很多东西，你可以买到荣誉：当孩子参加一项比赛时，你花一些比赛以外的"功夫"，可以让他们获得一些好名次，让他们获取很大的荣誉；你可以买到优越感，用金钱给孩子创造一种"皇族"的生活方式，让他们和别人家的孩子相比，更加有优越感；你也可以买到更多的机会。

但要知道，虽然你买来了机会、优越感、名誉，但却买不来孩子的精神富足，买不到孩子的独立自主，买不来孩子的创造力和探索欲，能买来的最终也就剩下孩子对金钱的依赖。

父母们为自己的后代着想，是人之常情。但是，让孩子富贵平安的方法并不是留下万贯家财。人生在世，学一种生存本领才是立足于世的根本。父母只有教会孩子打天下的本领，才能让孩子将来在社会上找到属于自己的一片天地。否则，即使留一座金山，也会有吃空的那一天。而且，孩子很容易对金钱产生一种依赖感，从而养成惰性，缺乏毅力、缺乏奋斗的精神等坏习惯，导致将来无法立足于社会。

父母要明白：金钱不是一切。虽然金钱可以让你衣食无忧，但有些东西是买不来的。

而且，人和人之间的情意，是金钱无法衡量的。比如，当父母年迈的时候，想要见儿子一面，但工作繁忙的儿子没有办法来。在这个时候，儿子拖人给父母带了一些钱，带了补品。难道这些东西就是父母所缺的吗？难道这些就是父母想要看见的吗？

2011年，"中国网事·感动2010"的获得者阿里木在接受新华网新疆频道和兵团网的联合专访中说："钱不是一切，教育更重要。"

阿里木说："我的家庭不是很美满，父母经常吵架。当时我就想，可能是我们家的兄弟姐妹多，加上我父亲的工资又少，日常开销没有保障，所以家里才会有不和谐的因素。后来，我就想着出去，把兄弟姐妹也叫出来，一起发财。

"2003年年底，我在毕节定居了，没多久我就把我二哥、三哥、弟弟、妹夫全部接到了毕节，然后在家里烤羊肉串。

"虽然我们一家人都过上了好日子，但是家庭关系却没有因为条件变好而好转。我在外面流浪了两年多，流浪是因为竞争，而且这个竞争是"拳头竞争"。后来我就发现，我的家人和那些想和我竞争的人一样。当时我就想：为什么外面的人欺负我，家人也欺负我。

"一年后，我才真正地意识到这和钱无关，而是和竞争有关。后来，我把视野扩大化，才发现这个问题不仅仅是家庭的问题，还是教育的问题。如果每个人都受着良好的教育，绝对不会出现家庭不和与社会暴力的情形。一个受着良好教育的人在解决问题时，一定会通过正规渠道，用自己的智慧来解决的。相反，一个没有接受过良好教育的人在解决问题时，首先想到的一定是暴力。"

有人把财富视为一生的目标，他们认为只有这样，才会让孩子在金钱的世界里尽情狂欢。时间久了，会让孩子认为父母的钱就像"采蘑菇"，采完以后还会长出新的来。 这样的误解会让孩子不懂得节俭生活，不懂得感恩，也因此失去了很多本属于自己的那种童真，父母要让孩子尽早懂得财富和幸福之间的关系。

"富"养可以
开阔女孩的眼界

关于对女孩的富养问题，父母应该尽可能地开阔女儿的眼界，培养她高雅、睿智的性格，从而让她能获得幸福的一生。

伟大的物理学家阿基米德就曾说过："多看，多听，多接触，你就会成为智者。"我们也常常会听别人说道："眼界决定境界。"

由此可见，开阔视野对一个人来说有多重要！同样的道理，在家庭教育的过程中，父母也要懂得"站得高看得远"这个道理，从而让女儿开阔眼界。

下面我们来分析一个很典型的事例：

> 卡莉·菲奥里纳是一个成功的女性，她从推销员做起，经过一路奋斗和拼搏，最终成为世界上著名的几个女企业家之一，同时也是全球 30 家特大型企业里唯一的

女性总裁。

自 1998 年开始，卡莉·菲奥里纳便连续数年都占据着《财富》杂志"全球女企业家 50 强"的榜首位置，沐浴在成功的光环之中。此外，这位精明强干、深通管理之道的女性企业家，还是一位个性张扬、注重个人形象的完美主义者。卡莉十分在意自己的仪表，总是将自己打扮得高贵优雅而又大方得体。她每次都会以引人注目、神采飞扬的形象出现在别人面前，让人情不自禁地为之赞叹！

实际上，卡莉成为知名且有涵养的女人，和她的家庭有着很大的关系。卡莉的父亲斯里德先生是联邦法官兼法学教授，母亲马德伦·斯尼德是一位画家。童年时她便已经追随其父母游历了许多的国家。后来又因为父亲的工作需要，而不得不经常搬家，在中学时期，卡莉就换了 5 所不同的学校。在平时，卡莉特别依赖做画家的母亲。在母亲美丽画面和绚丽色彩的熏陶下，小卡莉受到了很大的启发。

在家庭的影响下，卡莉逐渐有了开阔的眼界，并最终成了一个有思想、有主见、勤奋严谨、积极向上的女孩。

从卡莉这个成功的女强人身上我们能够得到很多的启示，尤其是懂得了开阔女孩的眼界是多么的重要。 如果女孩一生中只保持一种认知方式，那么她适应新情境的能力就会变得僵硬并受到限制。 但作为父母的我们如果能够为她打开一扇宽广的世界之窗，那么她就不会只用一种单调的方式去认知整个世界和社会。 因此，父母们应该尽可能地帮女儿开阔眼界，让她通过多种渠道获得知识。

读书
是一个很好的选择

　　培根曾经说过：读史使人明智，读诗使人灵秀，数学使人周密，科学使人深刻，伦理学使人庄重，逻辑修辞之学使人善辩；凡有所学，皆成性格。 正是如此，读书能够让人富有内涵，能够让人形成其独有的性格，能够让她们具备更加完备的能力。 当然，读书最为重要的一个功能之一就是让女孩的眼界更为宽广。 正如一句古话所说："秀才不出门，便知天下事！"正是如此，书中有许多先辈总结出来的经验，还有一些博大精深的文学瑰宝，以及一些为人处世的典故俗语。 而这些，又都是女孩所必须要拥有的。

　　有这样一个故事：

　　　凝儿是一个 17 岁的小女孩，但在众人面前的却又好像是一个高雅的贵妇人，甚至连凝儿的妈妈都忍不住要夸赞自己的女儿："我这辈子最成功的就是生了个好女儿"。

的确，面对凝儿高贵典雅的气质，任谁都会禁不住跷起大拇指。毫不夸张地说：凝儿就好像是一件完美的艺术品，而她的文学内涵更是将她的美从内而外全面地表达了出来。此情此景，怎一个美字了得。

出生在文学世家的凝儿，从小接触最多的就是书籍。且不说父亲的教育和约束，就凝儿自身而言，她也非常喜欢看书。用她的话来说就是：通过看书，我能够知道很多别人不知道的事情；通过看书，我能够让自己的内心越发充实；通过看书，我的眼界越来越辽阔。

在凝儿小的时候，妈妈就问她："长大了你要做什么呢?"凝儿很"正经"地沉思了一下，然后扬起她那双可爱的小手，坚定地回答道："我要做一位饱读诗书的女先生!"就这样，她开始了自己一生的读书旅程。

不可否认，读书有时候真的很乏味、很枯燥，但凝儿却如此执着地坚持了下来。一切的一切，都源于凝儿那个美丽的梦想——做一个有学问、有见解的女先生。在这几年的学习中，凝儿渐渐地学会了自己去掌控事情，对事情也有了自己独到的见解。有时候甚至能在爸妈之前将事情分析透彻，我们不得不说，这就是读书带来的好处——开阔女孩的眼界。

邻居常常会问她为什么能够那么勇敢地表现自己，她总是先笑笑，然后很自信地说："是我的妈妈的理解，让我成了一个引人注目的'小公主'。"实际上，"富"养女儿是让她们快乐成长的一个完美选择。但父母还要注意要根据女儿的实际情况进行教育，不能对娇弱的女儿过于溺爱和保护，不然只会适得其反，非但开阔不了女儿的眼界，还可能让女儿陷入一种思维的误区，把自己束缚在一个狭小的世界。

在教育孩子的过程中，除了上述所说的"富"养外，还要让孩子掌握更多的知识。只有这样，她们对社会的判断力和认知力才能提高，才不会轻易地被外界的事物所诱惑，才会形成她女性独特的迷人风采。

富养，
不是让你包办一切

我们能给孩子生命，却不能够代替孩子去生活。 我们能够给孩子带来梦想，但却不可能代替孩子去实现。 我们能够给孩子生活上享受，但却不能代替孩子去创造享受的条件……因此，作为父母，我们要清楚地认识到，我们可以为孩子做很多的事情，但并不代表我们可以包办孩子的一切。

其实，包办也是一种溺爱，完全背离了"富"养的本质要求。 如果父母想要让孩子全面发展，就要摒弃这种陈旧的观念，让孩子树立一种独立做事的风格。

如果父母对孩子太过于溺爱，甚至是准备为孩子做好一切，那么不仅会扼杀孩子的自立性，更会造成一种新的"本末倒置""老少倒置"的现象。

其实在"老少倒置"这种情况中，子女处在一种很无奈的位置。 现在的父母在教养女孩方面，从出生、上学、就业，甚至是结婚都采取包办的政策。 试想一下，如果孩子对什么问题都没有一点主见的话，那这样的孩子将来又如何能在社会上立足？再者说，现在又有哪些父母曾主动地让孩子去做一顿饭，甚至让孩子在旁边观看学习的都不多。如果对于任何事情孩子都不曾亲自参与，又怎么可能独立呢？试想一下，孩子每天面对的如果只是课本和作业，关心的只是学习和成绩，从没机会涉足社会实践，那么又怎么可能学会独立呢？因此，从某些角度上讲，正是父母包办一切的做法，导致了这种"老少倒置"的现象。看到这里，想必父母们应该都明白了，对孩子这种包办型的溺爱，只能给孩子带来一种极为严重的负面影响，甚至让孩子成为为父母而活的傀儡。

河北龙阳心理咨询中心的咨询医师认为，父母对孩子这种过度的溺爱，并不是父母爱孩子的表现，恰恰相反，这是一种懒惰的爱，不负责任的爱。真正爱孩子的人会尊重孩子的独立，会在不同的阶段满足孩子不同的成长需要，并且懂得适时地放手让孩子自由去发展，接受孩子自我独立和自我成长。但想要做到这一点，却着实不易。这是一个挑战，父母要承认孩子是一个独立的人，而不是我们的附属品，必然要对传统的教育进行质疑甚至推翻，这就要求父母必须对孩子进行全面的沟通和了解。

咨询医师还总结说，父母对孩子这种一切都包办的"爱"是溺爱中最为突出的一种表现。这种方式养育出来的孩子，没有一点的自主能力，因为她们的一切都已经被父母安排好，自己什么都不做就能够得到一切，甚至都不被允许自己去解决问题。

美国心理学家帕萃斯·埃文斯在她的著作《不要控制

我》中写道，她的一个朋友在很小的时候就真正地"看清楚了自己"。从那个时候起，她的那位朋友就"感觉到一种安全感"，并且能够随时都感觉到自我的存在。当然，她能有这种感觉，肯定是出自父母对她的独立性和自我感觉的尊重。

这些人是幸运的，因为她们能够挣脱父母的庇佑，从而变得羽翼丰满，能够在很小的时候就产生明确的自我意识，这也造就了她们长大后拥有鲜明的个性、强烈的好奇心和高度的创造力。

只有让孩子通过自主的探索，才能形成真正属于她自己的领域，才能发现自己的价值和自己在社会上所处的位置，并在此基础上产生强烈的责任心，甚至做出自己都想象不到的丰功伟绩。

但是反过来讲，如果碰上包办溺爱的父母，孩子就没有那么幸运了。父母们太注重塑造，因此就剥夺了孩子自我探索的机会，并刻意按照自己规划的蓝图去塑造孩子，完全忽视孩子的独立人格。那么，在这样的环境中成长的孩子，不论她们多么的完美，都始终感觉不到自我存在的价值，甚至她们都不清楚自己到底是为谁而活。但是，我们必须要面对的是，这样的教育方式不仅仅会影响孩子的一生，让孩子无法独立生活，甚至还会造成无法挽回的遗憾。

心理专家曾对中国父母包办型的高度溺爱做过分析，他们认为，其实这是一种交换性质的教育方式，在父母"无私"为孩子做好一切的同时，孩子就要回报给父母一个"好成绩"。

24岁的大连女孩刘蕊（化名）就是在这样的教育方式中长大的，虽然现在的她业绩优秀，深得领导赏识，但她却还总是担心自己做不好，并因此来咨询心理医生。

　　刘蕊是家中最小的一个女孩，她有两个姐姐和一个哥哥，因此深得父母的宠爱，并将她视为"掌上明珠"。只要她提出的要求，父母会不惜一切满足她。

　　不仅如此，从刘蕊上幼儿园到毕业后的工作都是父母一手安排的。父母如此为她含辛茹苦，只希望她能够有一个完美的人生。

　　幸运的是刘蕊也很争气，从入学到工作，一直都很优秀，这让她的父母常常引以为傲。毕业后，她又在妈妈的安排下进入一家外企工作，由于业绩优秀，几年内就得到了数次提拔。

　　从她前几次的心理咨询中我们能够看出来，刘蕊是很在意她父母的。她说"对于父母，我从来没有过怨言，他们是完美的父母"。

　　直到最近一次，我们从谈话中发现了刘蕊的不满情绪。后来了解到，原来在刘蕊毕业后，她的妈妈就一直忙着给她介绍对象。刘蕊说："其实妈妈介绍的那些人都挺好的，只是不知道为什么会对他们产生抵触情绪。"后来，当听到刘蕊说她妈妈为了她的婚姻大事哭起来的时候，我们能够明显地感受到刘蕊的情绪变化。

　　了解之后，医师便尝试着让她平复心情，调整一下状态。等她的情绪稳定以后，医师为她找来了两把椅子，一把代表她妈妈，一把代表她自己。刘蕊听医师的安排先坐到"妈妈"的椅子上，想象自己是妈妈，对着那把代表自己的椅子哭诉自己的良苦用心。然后又坐到代表自己的椅子上，以自己真实的感受对她"妈妈"倾诉。由于事先医师告诉刘蕊要放弃意识里的"不能生妈妈的气"的思维，她大声哭喊着对"妈妈"说："我想我自己做主一次，我不喜欢你和爸爸这样什么都为我安排好，我要自己做主！你们都不曾考虑过我的感受，你的包办让我感觉到窒息！"

事后，刘蕊静下心说："父母对我过度的爱，让我有了一种窒息的感觉。直到现在我才明白，原来我一天都没有为自己活过，一直都只是在为了父母而活着。"

其实，每个人能够懂得为自己而活的时候才是最完美的，就像故事中一样，虽然刘蕊很优秀，但只是在走父母为她建好的轨道，再完美也不过是一个"傀儡"。所以，父母要多体会一下孩子的感受，不要将自己的意愿强加到孩子身上。

如果父母觉得孩子终究是孩子，只有在父母的庇佑之下才能有一个好的人生，那就大错特错了。如果我们一切都为孩子包办好，孩子又怎么可能独立？孩子又如何能产生责任感？如果孩子连这些品质都不曾具备，那么当我们百年之后，孩子又该如何呢？

让我们来看下面这个故事：

李亚今年22岁，从广播学院毕业后就分配到了电视台当实习播音员,她非常想得到这份工作,可是学校送来的实习生却不止她一个人。

李亚工作起来十分卖力,尽管学校离电台很远,可每天第一个到电台的总会是她,最后一个离开电视台的依然是她。很快,她就引起了老同志的注意,并被安排去播报新闻。

有一次,李亚刚回到学校,听到同学们说话提到了姓氏,猛然想到自己今天录音时可能读错两个字——万俟。当时她还请教了一位电台的老同志,老同志也说念"wàn sì",她也就那么录了。于是她放下包裹,立即翻开字典,果然,字典上说在指姓氏时应念"mò qí"。

这时李亚的第一反应就是必须要回去改掉,作为一个播音员,白字、别字、错字是万万不能出现的,怎么办?李亚焦急地在原地打转,终于下定决心,冒着大雨再次返回了电视台。

当她返回电视台时,已经快晚上十点了。李亚一口气跑到了三楼的播音室,把已经录好的带子取出来,找到播音员,把"万俟"两个字的读音改了过来。这下李亚才敢坐下喘口大气。在准备回学校的时候,她碰到了台长,于是她主动跟台长打了招呼:"张台长,您好!"

"嗯,怎么这么晚了还没回去呢?"

李亚不好意思地笑了笑,说:"有两个字念错了,我回来改一下。"

张台长说:"那你在哪里住呢?"

"我还在学校住。"

"要多久才能回去啊？"

"也不是很远，一个多小时就到了。"

张台长略有所思地点了点头。

最后，毕业后的李亚留在了电台。

在生活中，可能会有很多人都经历过这样的事情，相信大部分人都不会为这样的一件小事再折回去，更何况是在这种恶劣的天气下。 但也正是李亚的这种强烈的责任心，成就了她的一生。 同时，我们能够想得到，她身上这种认真负责的态度，如果不是从小就经过严格的教育是很难培养出来的。

那么，对于父母来说，什么是能够让孩子做的呢？

1. 让孩子有私人空间

现在很多父母都因为太溺爱孩子，所以总是让孩子和自己在一起。 其实，在女孩 6 岁的时候，就应该让她们拥有自己的房间，而且她自己的房间由她自己收拾。 这样不仅有利于女孩心灵上的成长，也会极大程度地提高女孩的情商。 此外，还能培养孩子的独立能力，让她们能够自行解决自己的事情。

2. 多问问孩子的意见

很多父母为了能够扩展孩子的知识面，经常给孩子买书、买礼物来促进她们学习的积极性。 其实这些都是无可厚非的，只是父母应该多了解一下孩子的兴趣爱好，问下他们喜欢什么样的书，并带着她们去买。 这个时候，父母不要因为孩子所选的书不好而否定孩子的想法，因为这样会在孩子心理上形成一种"自己不会买东西"的想法。甚至在更多的方面，父母都应该倾听孩子的想法，这样不仅能够培养他们独立的思维方式，也可以锻炼他们的分析判断能力。

　　在教育孩子的时候，不要为孩子包办一切，最好的方式是给孩子独立做事情的机会。这样孩子既能学会独立，又能锻炼思维能力，是培养和训练孩子自我服务能力的有效途径。因此，父母要及时转变教育模式，把"让他做"变成"他要做"，其效果会更胜一筹。

高情商家教思维

1. 你对"磨难教育"有何理解？ 你是否认为其对于孩子的成长是不可或缺的？

_____

_____

2. 家长过度保护孩子有何坏处？

_____

_____

3. 在金钱上过度溺爱孩子有何危害？ 反思一下，你是否有这种行为？

_____

_____

4. 你是否认同"女儿要富养，儿子要穷养"的观念？ 为什么？

_____

_____

5. 读书有助于开阔眼界，你有哪些方法可以帮助孩子养成爱读书的好习惯？

_____

_____

6. 本章提到的方法中，你认为最有用的是哪一条？

_____

_____

培养孩子的交际能力

培养孩子
与人合作的能力

合作是每个现代人都应该具备的能力。 假如一个人不能与人合作，他就会失败。 合作不是普遍情况下的人际交往，而是有共同目的性的成为互助互利的双赢关系。 善于合作的人总是可以自由跟人交流，也喜欢边借鉴他人的意见边做事，从他人那里获得帮助。

1. 要让孩子懂得与人合作的必要性

在平时生活中，有很多一定要两个或多个人一起协作才可以完成的事情，一个人是不能完成的。 家长可以在这种机会来到时让孩子尝试一下独自不能完成的失败感，从而明白与人协作的必要性。

2. 让孩子体验合作的快乐

孩子可以从成功的合作中获取良好的体验及乐趣，进而促进孩子产生合作意识和合作行为。

3. 教育孩子与朋友沟通

要使孩子与同伴有足够的时间在一起，他们能共同交谈、分享、玩游戏或一起完成作业。父母要懂得，孩子们应该有他们独自的生活，假如孩子讨厌与别的孩子交往，父母应当有意识地鼓励孩子与他人接触。假如父母和老师过多地干涉孩子，甚至不许他们之间进行交流，那就会因小失大，因为孩子获得合作的能力与感情体验的最根本的条件就是交往，它能够让孩子丢掉孤僻的性格。

4. 使孩子和朋友共同承担任务

要想提高孩子的交际能力，可以分配一些任务让孩子与他的朋友一起努力完成。有时候，如果任务很复杂，需要进行分工，这就更锻炼了他们主动交往与协调能力。一旦把任务交给了他们，就要让他们独立去做，即便遇到挫折或者产生矛盾，也不要什么事都替他们做。

5. 要鼓励孩子独自解决与同伴交往中的矛盾和问题

孩子必须提高自己的合作能力。孩子在交往中会不可避免地产生矛盾，假如不能使这些矛盾得以妥善解决，那么就永远无法学会合作。所以，当孩子与朋友不和时，应告诉他们不要逃避，并可以给他们一些建议。要培养孩子解决矛盾的能力，是迎着矛盾让孩子去主动沟通，而不是单方面处理，也不能回避或者拖延。有些孩子只喜欢和一类同伴沟通，而不屑交往其他朋友，这种过高要求的交往其实就是逃避的心态。家长更应有意识地引导、鼓励这类孩子，想办法让他们体验到在解决交往中的矛盾并在成功中获得满足感，从而在人际交往中更顺手。

6. 让孩子知道竞争与合作共存

现在的孩子一般都是独生子女，家里也没人跟他争，家长一般也不会对他的要求提出什么异议。不过在学校，竞争者和反对者就都出现了。这样的话，孩子不会把那些反对并与自己竞争的同学当成合作对象。因此父母要及时教育孩子摆正竞争姿态。为了实现自己的目标才进行竞争，这并不意味着跟其他同学作对。父母要教育孩子，同学是学习上的竞争对手，但在生活上可以是合作伙伴，一定不能只把他人当成敌人，为了跟他人对立而不顾一切。与此同时，家长要教会孩子跟人交往的技能，使孩子学会考虑集体的利益，在必要时刻牺牲个人的利益。假如孩子缺乏这种意识和精神，是不能获得大家认可的。

使孩子
懂得与人分享

　　分享是一种高尚的品质，也是一种幸福的体验。萧伯纳曾说："如果你和我都有一个苹果，互相交换，每个人还是有一个苹果。可是如果你和我各有一种思想，互相交换的话，每个人拥有的是两种思想。"分享可以减少人的痛苦，然后获得幸福。日常生活中，每个人都需要把自己的痛苦和快乐与人分享，缺少了分享，他得到的将是乏味枯燥的人生。

　　现在的孩子自私自利的现象太过严重，而孩子出现这种状况主要来源于家长的溺爱。为了使孩子的爱心不至于枯竭、消失，家长不但要爱孩子，更重要的是要把爱人的方法教会孩子。家长对孩子溺爱是最可悲的事，自私的孩子就是被这种爱滋养出来的。因此，父母在表达自己对孩子爱的同时要教孩子学会分享。

　　跟别人分享食物、玩具、快乐、经验等，说一些关心体贴的话，遇到有困难的人给予帮助，别人的错误不要计较，能够宽容谦让地对待他人，这样，就能慢慢培养孩子的爱心。

那么，怎么让孩子养成分享的好习惯呢?

1. 要让孩子品尝到分享的乐趣

通常情况下，以自我为中心的孩子们有这样的特点:

自私自利、自我得意、目空一切。 没有自信心。 有的孩子即使表现得很娇纵，其实是一种自卑的表现。 交际能力比较差，不能与人共处。

2. 通过移情的方法引导孩子与他人分享

要想孩子学会跟别人分享，家长应给予其适当的教导。如吃饭的时候，要教会他给长辈夹菜;孩子如果给父母拿东西，父母要给予其鼓励;让孩子学会给客人让座。 让孩子尽可能地做这些事情，通过做有益于他人的事，让他们尝到由此给他们带来的喜悦。

3. 让孩子通过交换学会分享

很多孩子在玩耍的时候，总是期待所有的东西自己能够独自占有。 其实，孩子的这种举动和思想都是不对的。 可是，父母只是一味地指责孩子，反而会对孩子产生消极影响。 一旦碰到这种情况，家长可以鼓励孩子用自己的玩具和图书和他人交换，使孩子学会和别人互借物品，通过这个方法让孩子学会分享并享受分享的乐趣。

4. 允许孩子拥有独自的珍视品

我们每个人都有自己珍贵的东西，孩子也有。 父母可以让孩子藏起他认为重要的不能与他人分享的宝贝。

只有孩子把自己的宝贝藏好了，他才会大方地借给别人其他东西，才能更好地做到跟别人分享。假如父母强迫孩子和他人分享所有的东西，反而会让他们产生抵触心理，让孩子做出叛逆性的举动。

学会分享，可以使孩子在共享中获得永久的生存发展；学会分享，能培养孩子坚定的自信心、敢于独立的能力。因此，不要让你的孩子再自私下去了，让他们飞翔在更加自由的分享的天空下。

培养孩子
待人接物的能力

　　黄达在小区花园里踢球，邻居小莉抱着金鱼缸来晒太阳。小莉说："黄达，你可小心点，别踢着我鱼缸啊。"黄达说："那你离我远点，我可控制不好。"小莉抱着鱼缸走了。黄达说："真是小心眼儿，说一句话就跑了。"

　　晚上，妈妈请小莉来做客，教黄达数学。黄达马上说："我不答应，我不学。"小莉说："你怎么态度这么差？我也是好心帮你。"黄达说："你的好心我不需要。"小莉生气地说："黄达，我可是到你家做客来了，你怎么这么凶啊！我不敢招惹你了。"说完就转身走了。

　　黄达气呼呼地说："妈，我态度就是这样，我又没说什么，看她气成那样。"妈妈说："看来是我太惯你了，你刚才很不礼貌，把小莉都气走了，一点也不像主人的样子。"

　　待人接物是一门高深的学问，主客之间的礼仪是其中很重要的内容。 主客双方都应遵守规则，一旦一方未按规矩办事，另一方便会觉得对方不懂礼数，感觉受到了侮辱，双方常常会不欢而散，正如上例中的黄达和小莉一样。 因此，父母应该从小就培养孩子学会待客之道。

如何待客是反映孩子内心世界的一面镜子，父母应该给予重视，切莫以为这只是大人的事情。 家里来了客人，孩子会做出各种表现。 有的孩子见了陌生的客人，站在角落里，不声不响，默默地注视着客人的举动，即使客人跟他讲话，他也是笑而不答，或表现得相当紧张。 有的甚至躲进厨房，不肯出来见客人，显得胆小、拘谨，对客人的态度冷漠。 有的孩子则相反，看到家里来了客人，便拼命地表现自己，一会儿要喝水，一会儿要吃东西，一会儿翻抽屉，甚至为了一点儿小事大哭大闹，显得不懂礼貌，不能克制自己，以"人来疯"的方式引起别人对自己的关注，表示自己的存在。 还有的孩子在家里来客人时，能主动打招呼，拿出糖果招待客人，表现得热情而有礼貌。

孩子在家中来客时的种种表现虽然和他们的个性心理有关，但也和父母平时对孩子的教育有关。 来客时表现不佳的孩子，父母往往缺乏对他们在这方面的培养和训练，在接待客人时，忽视了孩子在家中的地位。 那些在家中来客时表现较好的孩子，父母往往比较重视在这方面的培养，让孩子和父母一起接待客人，孩子逐渐地消除了对陌生人的紧张心理，学会了一些待人接物的方法，表现得落落大方。 由此可见，让孩子共同参与接待客人的活动至少有以下几个好处：

(1)有利于培养孩子的主人翁感。 孩子在参与接待客人的过程中，体会到自己和客人的地位不同，自然会产生一种自豪感和责任感，他会比平时小心十分，殷勤百倍。

(2)有利于培养孩子礼貌待人的好习惯。 要接待好客人，让客人满意，孩子就必须在语言行为上都讲究礼貌，接待客人实质上是给孩子提供了礼貌待人的练习机会。

(3)能使孩子学到一些待人接物的方法。

最初，孩子是不会接待客人的，这就需要父母的帮助和引导。 怎样培养孩子接待客人的能力呢?

1. 让孩子做好心理准备

在客人尚未到来之前，父母应告诉孩子，什么时间，谁要来。 假如客人是第一次上门，还要告诉孩子，客人与父母、与孩子的关系，该如何称呼，使孩子在心理上做好接待客人的准备。

2. 共同做准备工作

父母可以和孩子一起做接待客人的准备工作，如打扫房间，采购糖果，和孩子共同创造一个欢迎客人的气氛。

3. 指点孩子接待客人

父母除了自己热情招待客人以外，还要指点孩子接待客人，让孩子感到自己是家中的小主人。 例如，客人来了，父母要指点孩子招呼每一个人，请客人坐，请客人吃糖果。 还可以让孩子把自己的玩具拿出来给小客人玩，把自己的相册拿给大家看。

4. 学着与客人交谈

父母应鼓励孩子大方地回答客人的问题，提醒孩子别人在讲话时不随便插嘴。如果孩子在某一方面有特长，可以提议让孩子为客人展示，以制造一种轻松、愉快、热烈的气氛。

5. 根据孩子的特点提要求

在让孩子学习接待客人时，要注意根据孩子的特点对孩子提出要求，不要强求孩子做不愿意做的事。例如，对待胆小怕事的孩子，要求简单些，可以让孩子与客人见见面就行，以后再逐步引导，提高要求。对于"人来疯"的孩子，父母应先让他离开大家一会儿，等其冷静下来后，再让他和大家在一起。切忌在客人面前大声训斥和指责孩子，以免伤害孩子的自尊心。

6. 评价孩子在客人面前的表现

客人走后，要及时评价孩子的表现，肯定好的地方，指出不足的地方，并要求孩子今后改正，使孩子接待客人的能力逐步提高。例如，以前孩子会表现出"人来疯"，可是今天很懂事，父母就应及时表扬他的进步，并要求以后客人来时他要和今天一样。

让孩子在陌生人面前表现出落落大方，对人有礼貌是每一位家长的共同愿望。但在现实生活中，孩子有害羞而不愿意主动跟他人打招呼的表现，只要不过分，也是很正常的。作为家长要求他"有礼貌"，但这种"礼貌"在孩子看来有时是难以理解的。越是强求，他越反感。培养孩子有礼貌，有效的手段不在于督促孩子"叫人"，而在于平日里家长的态度是否做到尊重、平等、有礼，通过点滴的以身作则来影响孩子。

教孩子
学会与父母沟通

李伟的父母都是高级知识分子，爱子心切，花了数万元把李伟从一所普通中学转到了市重点中学。在他的父母为他选定的重点中学中，因为跟不上学习进度，李伟的成绩一直处于及格边缘，他也因此在学校中情绪很低落，每天过着无精打采的日子。有一天，刚回到家中，李伟的父亲就把他大骂了一顿，因为老师刚刚打过电话来，说李伟的物理考试不及格，通知家长去学校商量一下提高的办法。面对父亲的责骂，李伟委屈极了！李伟扔下书包，就跑下楼去，在街心公园痛哭起来。从这以后，李伟更沉默了，什么话也不和父母说。李伟的父母开始着急起来，甚至给李伟找了一个心理医生，但收效甚微。

李伟的情况在现实生活当中并不特殊，之所以有这样的结果，很大一部分原因是孩子与父母缺乏良好的沟通。

天津市杨村一中的心理辅导教师周余波曾对本市初高中阶段的528名在校生进行的一次问卷调查显示，只有9.85%的学生选择了"当你有烦恼时，找父母谈心"这一栏，而且大部分是女生。这就说明了中学生在心理上对父母产生了距离和不信任感。"知子莫如父"这一传统观念正在受到挑战。

那么，孩子为什么有话不愿同父母讲，为什么不愿向父母敞开心扉呢？孩子的心里话对谁说呢？

林静在电台工作。近段时间，她以知心姐姐的身份主持了"中学生热线电话"节目。每逢周六热线通话时间，桌上的电话铃声不断。来电的中学生朋友所谈的话题牵涉到许多方面，从作业负担到早恋苦恼，从升学困惑到人生思考。耐人寻味的是，这些中学生在一吐心曲之余，往往要拖一个尾巴："我这些心里话，只想让你知道，对父母和老师都是不说的。"

电台专辟"热线电话"节目为中学生释疑解惑，无疑是一件好事。不过，再仔细想想，来电话的中学生的心底秘密，在父母和教师这些尊者面前"讳莫如深"，对从未谋面的电台人员，却肯"和盘托出"，这是为什么？"热线电话"能获得中学生信任的秘诀之一，便是他们与中学生通话时，并不是简单地提供"标准答案"，而是更注重于和学生做思想上的交流、探讨与沟通。

当代心理学的一个重要分支——行为心理学的研究表

明，正处于趋向成熟期的青少年，一是由于逐渐形成强烈独立意识，因此往往不愿他人给以现成的生活指南；二是他们的内心又对各种事物有诸多"不确定感"，因此迫切需要从别人那里获得认同和了解。 而在日常现实生活中，我们有些父母和教师恰恰无视这两个心理特征。 当他们偶尔知道孩子心里有什么隐衷时，或是漠然置之，而更多的则是"一本正经"的面孔，给孩子以"应该怎样做，不应该怎样做"的训词。 这种居高临下的架势，又怎能谈得上与孩子相互沟通感情呢？ 久而久之，孩子感到，你这位尊者可敬而不可亲，也就不肯对你说"悄悄话"了。

处于青春期的中学生，总有需要宣泄的感情，总有需要表露的心里话。 要是我们为父母者、为师长者不去关怀他们的这种心迹，一味放任自流，固然"热线电话"等社会咨询机构能分担一部分工作，但有些孩子也可能去找社会上的一些"哥儿们"倾诉心里话。 如果由此让一些"歪门邪道"误导了孩子，岂不误了大事么？

带锁的日记本在商店的文具柜台上随处可见，它们装帧精美，只不过，和其他的日记本不同的是，一把小锁可以把本子锁起来。 售货员说："这是热门货，孩子们来买的很多。"日记本要锁起来，很有意思。 这使我想到一些中学生前来心理咨询时的谈话：爸妈有时偷看我的日记，我放在一个小箱子里，也给翻出来，还随便拆看同学的来信，真气人。 你说怎么办？

这使我又想到天津杨村一中的调查问卷，你有了愉快或不愉快的事喜欢跟谁诉说？ 可供选择的诉说对象为父亲、母亲、老师、同学。结果是，选择诉说对象最多的是同学，占81%。所以孩子们喜欢带锁的日记本，原来是对付大人的，是为了向大人们封锁自己的心。可是，我们做父母的知道吗？你的孩子由幼稚走向成熟，由依赖走向独立，心中会逐渐有一些秘密，会有些不再愿意告诉大人的东西。这是他们长大的标志。由于时代的发展，今天的孩子这种独立意识更为强烈。对此，我们也该拍手叫好。然而，我们不少为人父母者总是不那么乐意接受孩子的独立意识，总是想把孩子庇护在自己的羽翼下，于是，就不讲方式地总想去"刺探"孩子心中的秘密。如此招来的只能是孩子的反感，孩子们就加倍地来守护自己的秘密。于是，带锁的日记本便成了最佳选择。

看来，造成孩子和家长之间的距离和不信任的原因是多方面的，除了中学生强烈的"心理断乳"外，缺少科学的家庭教育观念和传统的家长专制作风也是另外的一个重要原因。

通过调查分析，在能主动和父母沟通交流的学生中，大部分学生成绩优良，心理发育健康。自杀、离家出走、早恋等事件和现象往往发生在那些不与父母沟通交流的学生身上。孩子上小学时，有些家长还不屑于和孩子沟通交流，而到了中学阶段，他们却一下子感觉到他们和子女之间的距离不断拉大，有的家长甚至一点点地退缩到只能管理孩子的生活起居的狭隘空间里。

还有相当一部分家长属于传统压制型和现代溺爱型的混合体，他们很难与子女建立对等的、朋友式的关系，这样的家长对孩子的教育十有八九是失败的。

青少年时期是人生中的"暴风骤雨"时期，在对待孩子的教育问题上，只有了解孩子的内心世界，家长才能有的放矢，对症下药。

那么，我们家长该怎么办呢？

一是理解。对孩子由独立意识而导致的闭锁心理，首先得有个科学的态度。我们不妨来个心理换位，回想一下自己少年时代的生活，并以此来体察孩子们的心。如此，您对上面的"为什么"就会有更切身的理解。有了对孩子的理解，"头疼"就消除了一半。

二是沟通。我们不要以为孩子是自己身上的肉，可以任我骂来由我打，不要以为自己多了一些人生阅历，就可以居高临下地对待孩子，仿佛真理总在自己手中。对孩子要多来点民主和平等，努力成为孩子们的知心朋友。有关专家指出，民主型的家庭氛围、朋友式的合作关系是消除"代沟"、实现两代人交流的前提。只有这样，你才可以跟孩子有较多的沟通，才会促使孩子对大人敞开心扉。

三是尊重。尽管我们做了最大的努力，也不该奢望孩子什么都跟我们讲。孩子作为人格独立的人，他们心中应该有一块大人不必涉足的天地，应该有一些属于自己的秘密。对此，我们只有尊重，做孩子的指导者、协商者，而不是命令者，这样一来，我们也就用不着"头痛"了。

培养孩子
与同学沟通的能力

　　程东林从小有个志愿：做一个演说家。在他的心目中，会演讲的人都是他的偶像。奥巴马竞选时，每一场演讲他都会第一时间找来听，有些经典片段，他都能背诵了。程东林还收集了一些光碟，都是成功激励大师的演讲。

　　在他看来，这些人能够成功鼓动人、说服人，是因为掌握了一定的技巧。

　　妈妈知道他的爱好后，也非常支持他。母子俩常去书店，看到好的书，无论是理论的，还是实战的，都买回来。程东林不仅看，还积极去实践，也是个小演说家了。班上竞选班委，他一上台，总能博得喝彩。大家都喜欢听他演讲，觉得很有感召力。

　　常有人向他请教演讲技巧，程东林把自己总结的经验都无私传授给了别人。妈妈常鼓励他，也帮他总结经验，使程东林越来越有信心了。

程东林不仅演讲能力非常棒，而且他在与人交往的过程中，也非常善于讲话，总能将话讲到对方的心里去，让人听了很舒服。他的讲话能力对他处理好人际关系有非常大的帮助，这使得他有很好的人缘。

在孩子的成长过程中，善于沟通这项技能让其受益最多。孩子要想办成一件事，就不得不去沟通。如何高效简洁地传递信息，如何迅速感染、说服他人，需要各种交际技巧。

如今的社会，是一个信息量多并能快速传播的社会。一个人不善于交际，不能迅速、清楚地传达个人的意愿，就很容易被淹没。一个成功的人，必须是一个善于传播信息的人，也就是具备一定交际技能的人。

父母都希望有一个优秀的孩子。父母也应该明白，善于交流沟通，是整个时代的需求。孩子要想立足于社会，就得尽快培养交际技能，才能充分展示个人价值。再好的金子，不能展示自己，也终将在信息海洋中被埋没。

任何一种技能，都是在理念指导下不断实践获取的，交际技能同样如此。理论和实践二者缺一不可。父母要认识到这一点，给孩子最好的指引。

1. 支持孩子吸取理论知识

人际交往是一门学问，有大量的理论和实践书籍报刊等，孩子要提升人际交往技能，可以向书籍请教。父母可以给孩子列一个书目，让他先补足理论课。父母先要了解，人为什么要交流，如何交流，这些理论知识有了，才能高效地指导孩子实际的交流活动。

要让孩子学习交际理论知识，就要多读演讲大师的书籍，看大师们的演讲光碟，父母应从物质上支持。把人际交往当成一门学问来学，孩子才能成效显著。如果只是出于一时爱好，不注重基础的理论，这样的人际技巧只是皮毛，让孩子难以有长远的进步。

2. 鼓励孩子参与社会交际活动

有了理论做基础，还要让孩子增加实战经验。学校里、社会上，常常会有这种实战机会，如班委选举、学生会选举、义务活动的宣传等。这些活动都是磨炼交际技能的战场。

学校要组织一次"环保一日行"的活动，赵军回家跟妈妈说他想参加，妈妈马上大力支持。妈妈说："要钱要东西，你尽管说。"赵军说除了生活费，还需要妈妈帮忙借自行车。赵军想组织一个小团队，骑自行车，挂旗帜进行跨城宣传。

第二天赵军就忙开了。义务报名的同学，被编成了两个分队，赵军组织大家一起商讨路线，女生负责制作旗帜、写标语等。赵军经常组织各种活动，被推选为此次活动的队长。赵军热衷于这类有意义的社会活动，由于在活动中会有许多与人交流的机会，所以也使他轻松掌握了人际沟通的技巧。

孩子的交际技能，需要在大量交际活动中历练。学校里、社会上，只要有这种活动，父母都要鼓励孩子积极参与。 在这些活动中，如何协调人员，如何组织分配，每一个环节都离不开交际。 孩子多历练，这种技巧才会越来越熟练。

3. 给孩子制造演示舞台

学校或社会的活动机会，也是有限的。 孩子的交际技能，需要大量的活动来磨炼。 对此，父母也可创设场景，给孩子制造锻炼机会。 例如，常举办家庭联谊会，让孩子来安排；家里常请客人来玩，请孩子来接待；常请小朋友来玩，让孩子合作；常组织社区游戏，让孩子参与等。

程小莱有些胆小，遇人不爱说话。妈妈知道，是孩子的生活环境太封闭了，与人交流的机会太少。妈妈开始留心，小区有哪些孩子和他同龄，有机会妈妈就主动和他们联系，帮小莱结交朋友。一段时间以后，小莱家里常有小朋友来拜访。

周末到了，妈妈约上几家人，一起带孩子去广场做游戏。无论是玩球，还是玩车，小孩子在一起，总是特别高兴。有了同龄人的陪伴，小莱也变得活跃多了。走在路上，见到熟人了，小莱还会高兴地和大家打招呼。

有些孩子不善于交流，不喜欢交流，这种现象，与孩子的居住环境有关系，与父母太忙也有关系。 父母要锻炼孩子的交际能力，就得让他多与同龄人交往。 方法总是有的，只要父母多费点心，就能创设出许多场景，让孩子得到锻炼。

4. 鼓励孩子向高手请教

年龄较大的孩子，要想提高自己的交际技巧，不妨向高手请教。 孩子的朋友、同学中，有谁人缘好，有谁会演讲，都可以去请教。 孩子自己也能观察、总结一下，他人的经验是什么。

生活中，如果孩子对这类高手流露出羡慕之情，父母可及时鼓励他，让孩子大胆去向高手请教。 这些高手的交际技巧更通俗，更自然，也更容易学。 孩子要提高自己的水平，一定不要忽略这一学习途径，多观察揣摩，就能学到不少技巧。

让孩子
学会和老师相处

　　小敏的学习成绩一直不错，但是初二开了物理课后，她发现自己对物理根本不感兴趣。有一天，在物理课上，老师叫她回答问题，小敏没有回答上来，老师很严厉地批评了她，说她没有好好复习。小敏很委屈，觉得这个老师太严厉，而且在同学面前使她丢了面子。回家以后，和妈妈说，"我讨厌我们的物理老师！"说完就伤心大哭。妈妈看到小敏那么伤心，就说："明天我去找找你们班主任，让他和你们物理老师谈谈。实在不行，咱们就请一个家教。"小敏害怕这件事给自己带来负面影响，拉着妈妈不让妈妈去。但从此以后，小敏对物理老师是敬而远之，对物理更是一点学习兴趣也没有，物理成绩越来越下降，成为物理老师头疼的学生。

　　孩子不断成长，需要处理形形色色的人际关系，同伴关系、师生关系等，而父母在看到孩子在人际关系中受到委屈时不禁想要为孩子"伸张正义"。但社会是现实的，父母也不可能一直陪伴着孩子，所以应当允许孩子有机会接触生活的各种侧面并教会他们如何应对，而不是将他们与真实隔离开来，用父母的希望来操纵现实。与社会现实相通的最关键的方面就是让孩子自己与他人打交道，父母适当地给予正确指导，帮助他们学习处理各种关系的能力。

青春期的孩子，特别在乎自己在同伴心目中的形象，像小敏这样的孩子所处的阶段有一种奇特的现象——"假想观众"，她会感觉自己的一言一行好像都在舞台上表演，而周围的人都是她的观众，所以当众受到老师的批评会使她羞惭不堪，尤其是一个一贯学习成绩不错的女孩子。另外，小敏的物理薄弱，而对物理老师的逆反，使她有借口逃避困难。父母的干预——找班主任谈，请家教，只能助长她对物理老师的反抗，使她更理直气壮地不好好学习物理，因此成绩越来越差。

那么，怎样才能让孩子与老师正常交流呢？

1. 尊重孩子，让孩子发表对学校和老师的看法

当孩子与老师有矛盾时，父母首先要以一种温和的态度与孩子交谈，不要制造压力，而要让孩子在宽松、自由的氛围中发泄对老师的不满，这种发泄还可以起到一种平衡心理的作用。父母提供一双耳朵，认真地倾听，孩子会感觉到自己的烦恼得到了尊重，就会毫不隐瞒地把自己的态度、抵触老师的原因讲出来。父母等孩子的情绪稳定下来之后，与孩子一起冷静地分析事情的利弊，客观地看待抵触情绪。如果

问题的主要原因在孩子，就要合理利用孩子争胜好强的心理，因势利导，帮助孩子认识到自己的错误，提高孩子认识自己缺点的能力。

2. 让孩子学会从老师的角度思考问题

作为父母，切忌让孩子无条件地服从老师，这样只会加剧孩子对老师的反抗。 有的父母仅仅站在孩子的角度思考问题，过分溺爱孩子，甚至与孩子一起指责老师，更甚者跑到学校里与老师大吵一番，其结果只能更糟。 孩子的认识有时候有偏激的一面，很容易以自我为中心，仅站在自己的角度看问题。 在这点上，父母要培养孩子学会换位思考，与孩子一起站在老师的角度重新审视，必要时还可以创造场景以体会老师的情绪和难处，让孩子学会多体谅别人，为他人着想。 这样就可以改善孩子和老师的关系，减轻孩子对老师的抵触情绪。 教孩子学会尊重老师的同时还要鼓励孩子有想法，善于提意见，因此，教给孩子一些提意见的策略和技巧也是必不可少的。

3. 与学校、老师进行沟通，积极配合老师教育好孩子

有一些孩子，在学校里与在家中的表现迥异。 在家里非常勤快，又懂事又听话，是一个很乖的孩子，可一到学校，就情绪低落，不爱学习，表现糟糕，经常受到老师的批评，也经常顶撞老师。 家庭与学校教育方式的差异导致了孩子的这种反差极大的性格表现。 在这时候，父母要主动地、心平气和地与老师沟通，向老师提供孩子在家的一些日常表现状

况，让老师了解孩子行为表现的另一侧面，对孩子的行为有一个全面的评价。父母要与老师一起分析双方在教育孩子的方式上存在的差异，求同存异，给孩子一个恰当的教育价值观，不至于让孩子无所适从。

4. 教育孩子以主动、热情、诚恳的态度与老师交往

一位教师要面对许多的孩子，有时可能应接不暇，因此难免对孩子照顾不周，体察不到某个孩子想与老师沟通的需要。如果孩子主动向老师"进攻"，把埋在心里的事情坦露出来，有困难向老师求助，学习上遇到难题向老师请教，主动与老师探讨人生哲理……是能够得到老师的帮助、理解和信任的。切记，千万要争取主动，别错过与老师交谈、探讨和向老师请教的机会！这样孩子才能真正与老师交朋友，才能更快的进步，迅速地成熟起来。

5. 教育孩子要以正确的态度接受教师善意的批评

现在，有些孩子对老师的批评感到反感，甚至有抵触情绪。他们认为老师管得太严，态度苛刻，觉得在学校不自由。严，正是老师爱孩子的表现。没有哪位老师不爱自己的学生、不希望自己的学生成才的。老师要在尊重学生、爱护学生的基础上，通过严格的方法和手段，培养学生一丝不苟的治学精神和实事求是的科学态度，培养学生良好的思想品德和文明的行为习惯，这是教书育人的需要。不严，何以能治学？不严，何以能育才？我们应该教育孩子理解老师的苦心，正确对待老师的批评，诚恳接受老师的指导和严格

要求，从而确立良好的师生关系。

　　当然，与教师建立良好的交往关系，在于师生双方的共同努力。从家长的角度出发，应该正确教育孩子要打开心灵之门，要用尊重、热情、真诚、理解和爱去架设沟通师生心灵的桥梁。

高情商家教思维

1. 要想培养孩子与人合作的能力，家长应该从哪些方面入手？（例如：让孩子体验合作的快乐等）

_____

_____

2. 如果孩子没有和他人分享的习惯，父母该如何帮助孩子养成？

_____

_____

3. 你有哪些待人接物方面的经验可以传授给孩子？

_____

_____

4. 让孩子共同参与接待客人的活动有哪些好处？

_____

_____

5. 孩子不愿意向父母敞开心扉，有哪些可能的原因？ 父母应如何改变这种现象？

_____

_____

_____

6. 父母应该怎样培养孩子与同龄人沟通的能力？

_____

_____

培养孩子的好心态

培养孩子
开朗乐观的性格

乐观是一种良好的性格，很多孩子天生就比较悲观，但有些孩子则恰好相反。心理学专家研究发现，尽管乐观的品质并不是孩子天生就具备的，但通过后天的培养可以获得。

1. 勿对孩子控制过严

孩子天真烂漫的童心有可能被严格地压制，这样不利于孩子心理健康的发展。家长应该根据孩子的不同年龄让他拥有不同的选择权。孩子只有从小就能自由选择，才能获得真正的自由和快乐。

2. 在有意义的活动中感受快乐

无论是成功的体验还是做了有意义的活动，都是快乐的重要来源。孩子完成某些事就会感受到快乐，因为他把一件事情做完了，取得了成就。在获得成功的过程同时，孩子也得到了快乐，而且还能获得自信心。

3. 教会孩子与人融洽相处

跟别人相处能让自己的内心变得更热情。父母应该带孩子多接触不同性别、年龄、性格的人，让他们与不同类型的人能够相处融洽。另外，家长自己也应该和他人友好相处，待人真诚热情，不在背后说别人的坏话，做孩子的好榜样。

4. 物质生活避免奢华

如果孩子的物质生活太丰富，便容易养成奢侈的性格，而对于物质的片面追求，孩子又常常很难获得自我满足，这就是为什么贪婪的人大多都不快乐的原因。不过，那些生活简单的孩子，即使只是一个普通的玩具也能倍感满足和开心。

5. 让孩子爱好广泛

如果孩子只有一项兴趣爱好，那么就会很难保持长久的快乐。试想一下：只喜欢看动画片的孩子如果没有可看的动画片时，肯定会不开心。相反，假如孩子在看不成电视的时候喜欢看书、读报或玩游戏，那么孩子便能从中获得其他快乐。

6. 保有一颗平常心

一个乐观的人能够看淡一切，不管是成功还是失败，是痛苦还是幸福。现在孩子大多生长在温室中，没有经历过太多的风雨，很少面临艰难困苦，更不知道该怎么去面对。让孩子尽量接触各种事物，接触的事情多了，见识广了，心胸自然就会开阔，也就不容易产生悲观思想。要教会孩子心态平静地去对待世界，不要消极对待。 鼓励孩子多参加课外活动，刚开始的时候，可以向孩子暗示要主动提出问题，然后进行学习。 接下来，如果孩子开始主动学习了，父母可以对孩子进行奖励以鼓励孩子继续这样做。

7. 引导孩子学会摆脱困境

即使是乐观的人也不会事事顺心，也不可能做到永远快乐。 当孩子还小时，父母就应该开始培养他们克服困难的能力。 如果孩子一时还不能摆脱逆境，告诉孩子要学会忍耐，学会在逆境中寻找生活的乐趣。

8. 拥有适度的自信

自信是快乐的来源之一。 不过也有很多自卑的孩子，家长一定要及时发现他们的优点，并恰当地多给予其鼓励和表扬，要帮助孩子克服自卑心理然后建立自己的自信心。

9. 创建快乐的家庭气氛

孩子们从小生活的家庭氛围，在很大程度上对孩子的性格会有影响。 研究发现，对周围的情绪和氛围，孩子很小的时候就能感觉到，尽管他还没学会用语言来表达自己的感受。 可见，如果一个家庭气氛不和谐，或者是不和睦的家庭，培养出来的孩子肯定不会乐观开朗。

引导孩子
树立正确的竞争意识

小军特别喜欢跟别人比赛,一旦赢了就很得意,输了则会大发脾气。上幼儿园大班后,他总是喜欢占上风,喜欢跟同伴比,不管是踢球还是家里的玩具,一定要超过别人。有一天,他竟然还说:"我是我们班第一个换牙的。"父母被他搞得手足无措。

小军父母觉得十分矛盾,孩子现在的状态虽然不好,不过在竞争激烈的社会大环境中,这种竞争意识还是很有必要的,如果淡化了孩子的这种竞争意识,对他未来在社会上的生活是不是也不利? 由于父母内心的这种矛盾,让他们不能正确地教导孩子。 他们既想让孩子轻松学习,体会童年的快乐,不要害怕自己不是最棒的;又想让孩子通过自己的努力在竞争中获得成功。 小军的父母不知道到底该让孩子树立怎样的竞争意识。

1. 培养孩子正确的竞争意识

自我意识的发展与竞争意识密切相关，在与他人的比较之下才能体现出自我意识。 这一意识发展的重要期是幼儿期，为了让孩子的这种心理得到更好的发展，家长需要教导孩子展现自己的独立人格。 孩子自我意识发展的一大表现就是竞争意识的萌芽，当家长意识到孩子发展自我意识时要及时进行鼓励。

2. 培养和发展孩子的个性

竞争状态能激发很多孩子不易觉察的潜能，家长如果能正确地把握，便会促使孩子更好地发挥。 心理学研究发现，个性和竞争能力密不可分，个性良好的孩子，能更积极理智地处理问题。 家长应该针对孩子本身的个性和兴趣特长，让孩子建立完整的人格，让孩子变成一个愈战愈强的人。

但一般自我意识强烈的孩子，通常情况下还不知道怎么跟别人相处。 家长应该让他知道：如果他争强好胜，反而会让大家不高兴，这样会失去友谊。

3. 端正孩子的竞争心态

假如孩子的竞争心太强，家长应该先着手端正孩子的心态，使孩子懂得竞争是一个机会，可以更好地展示自己，这其实也是一件美好的事情，要从容地看待竞争中的成败得失，避免嫉妒或骄傲自满，学会面对挫折，并且诚心诚意地祝福对手。 孩子应该知道，在竞争中胜利虽然是一件值得骄傲的事情，不过保持和同学之间的良好合作关系也是未来社会中必需的。

让孩子
大胆地说出心里话

　　要想让孩子真正感受到父母的爱，就要耐心地倾听孩子的诉说，这样可以让孩子更加亲近父母。孩子把自己的想法告诉父母，也有利于家长对他们进行正确的指导。

　　很多父母即便跟孩子整天在一起，也还是对他们不了解。无法了解孩子的意见，就难以有效地指导孩子成为自己所希望成为的人。父母可以与孩子下棋、一起听音乐、看球赛、游泳，培养跟孩子的共同爱好，从而使父母和孩子能更好地交流。

　　家长下班后应该常常与孩子聊天说笑，培养情趣，共享欢乐。父母首先要亲近孩子，得到他的信任，他才会主动说出自己所想的。孩子只有对自己感觉亲近的人，才会无所顾忌地交流。

　　有个孩子刚从奶奶家被接到父母家，一次母亲将炒好的鸡蛋端到桌上，然后回到厨房继续炒其他菜，这个孩子很快就把鸡蛋吃完了。母亲再次来到桌旁看见鸡蛋被他吃完了，没有责备他，只是对他说："我们都还没吃呢，你自己怎么就吃完了呢？"孩子没说话，却偷偷哭了。

妈妈说："你干吗这样啊，没打你没骂你，你为什么哭？"在询问后才知道，在奶奶家时，奶奶都是这样让他吃的，并且还会表扬他呢，但奶奶从没告诉他，当别人还没来得及吃时，自己不能把饭都吃完。母亲给孩子耐心地讲道理，孩子从此懂得了做事情不能太自私，要想着身边人。

如果那位母亲只是对孩子的错误进行责备，那就只能让孩子受到委屈而得不到教育。一般孩子考虑事情，都是非常幼稚和单纯的，这时父母万万不能妄下评论，不能对他轻视或嘲笑，反而要仔细听取他的意见，和他一起探讨如何解决问题。让孩子先说，然后父母再加以评论和引导，要看重事情的现状，分析得失利害，让他自己独立认真面对困难挫折。孩子把心里话说出来，即使有时会非常荒唐，父母也不要嘲笑，更不能加以责骂。父母要让孩子把自己的意见说出来，而且要让孩子知道父母是很重视他的。

1. 多和孩子聊天

现在大多数的父母整天都很忙碌。赶快洗澡、赶快吃饭、赶快写功课、赶快……这是一般的家长经常挂在嘴边的话。每天都这么忙，就没有时间和心情与孩子聊天。但是，不常常和孩子聊天，又如何知道孩子在想些什么、做些什么呢？

无论再忙，也要找出时间和孩子聊，这才是合格的父母。经常和孩子谈话，多倾听孩子的想法，也适当地给孩子讲些道理听，适当地给孩子一些管教，让孩子明白是非对错。 在孩子即将犯错时，一股约束力量自然就会出现在心里——这种事爸爸妈妈曾跟我讲过不应该这样做——这样也就避免了错误的发生。

2. 学习倾听孩子的话语

大部分人都喜欢诉说，而不喜欢倾听，特别是父母对孩子，更是滔滔不绝地对孩子说"要乖乖听家长的话"。 但是这样又怎么会知道他的真正想法？ 不听孩子说话，又怎么能了解他、教育他？ 因此，父母想让孩子听话，首先要学会倾听孩子的话。

在孩子说话时，父母不要总想打断孩子的话，只要时不时对孩子点头微笑示意，或说几句简单的话鼓励他接着说就行了。 假如孩子感觉到父母感兴趣，那他一定也会有兴趣继续跟你说话。

3. 鼓励、说理代替责骂

"懒得理你"是很多孩子经常挂在嘴边的，当孩子对父母感到失望，就会用这种态度对待父母。 因为，如果孩子长时间和父母沟通效果都不好，他们就会干脆什么都不说了。是什么导致沟通不畅？ 孩子以前也许是很喜爱和父母说话的，但经常是刚开口说话，就立刻招来一顿骂，久而久之，孩子就不愿意再多和父母说了。 谈心、聊天是沟通的开始，而良好的沟通除了能了解孩子的动向，也有利于改善父母和孩子的关系。

高情商家教思维

1. 你认为孩子是否具有开朗乐观的性格？ 这对于孩子的成长有何意义？

_____

_____

2. 你认为孩子的个性和竞争能力之间有何关联？

_____

_____

3. 孩子是否具有健康的竞争心态？ 如果答案是否定的，父母该如何引导他们？

_____

_____

4. 反思一下， 孩子是否愿意对你说心里话？ 你是否足够了解孩子心中的想法？

_____

_____

5. 你是否曾轻视或嘲笑孩子说出的话？ 具体发生在什么情况下？

_____

_____

6. 记录本周和孩子间一次令人记忆犹新的对话。

家长：_____

孩子：_____

培养孩子的

好性格

让孩子
拥有健康的性格

当今的社会被"性格决定命运"、"性格决定成败"等观念充斥着，这是家长很关注的问题：哪个年龄阶段能形成孩子一生的性格？为什么孩子性格不一？他们的性格又是怎么形成的呢？心理学家们每天都在孜孜不倦地研究着这些关于人自身的问题。其实，我们每天唠叨的性格，就是心理学中所讲的人格，即人对周围事物表达出来的自己的态度。

有一个美国心理学家把人格的发展分为八个阶段，孩子逐步成长的阶段是前五个阶段，是父母培养孩子健康性格的最佳阶段。

1. 第一阶段：婴儿期（0~1岁）

柔弱是这一阶段孩子的最大特点，对成人依赖最大，需要成人无微不至的照顾。假如父母能够爱抚婴儿，并且规律地照料婴儿，使他们的基本生理需要得到满足，婴儿就会产生一种信任感，安全感也会因为生理需要得到满足；相反，假如没有满足婴儿的基本需要，或者没有一直满足，不信任感就会在婴儿心中滋生，不安全感也会因此而产生。假如这一阶段能积极地将危机解决，孩子就能拥有"希望"这一品质，长大后的人格特征更倾向于积极向上；相反的话，孩子的恐惧感会油然而生，慢慢形成悲观、消极的性格。

婴儿在这一阶段获得信任感，才能形成健康的人格，作为以后各个阶段人格发展的起点。所以在抚养孩子的过程中，父母对孩子的生理需要应适当地满足，过分满足和过分剥夺都是不可取的。同时，在满足程度和方式上要尽可能保持一致性、不变性，不要任意变化，若要变化则要遵循循序渐进的原则，不要超越婴儿适应的范围。

2. 第二阶段：幼儿期（2~3岁）

儿童在这个阶段将基本学会走动、推拉、说话等活动，而且也学会了把握和放开，特别是能控制自己的身体，从而将会产生儿童自己意愿和父母意愿冲突的危机。假如父母能多给孩子一定的自由，自主性和自我控制的意识将会在孩子脑中形成。相反，孩子会感到羞怯，并对自己的能力产生疑虑，这些都源于父母对孩子过多的责罚。

假如能够克服这一时期的危机，意志的品质将会在孩子身上形成，长大成年后也就倾向于坚强、自立、自制、自律等；反之，羞怯、意志薄弱、依附、随意、敷衍等消极的特征将会在孩子身上出现。如果太纵容孩子，孩子成年后还会形成不良的生活习惯。如果管得太严，孩子则会出现强迫性特点，例如：洁癖、吝啬等。

自我意识、自我调控能力、适应社会化要求的能力增强，有赖于儿童自主性和自控性的形成，这将严重影响到未来个人对社会和个人理想之间关系的态度和处理方法。因此，父母要理智地管理孩子的情感，要给孩子足够的自由，同时为避免不良行为的发生而进行科学的训练。

3. 第三阶段：学前期（4～6岁）

身体活动更为灵巧，语言更为精练，口语表达能力增强是这个阶段的儿童的主要特征。更加关键的是，孩子在这个阶段想象力极为生动丰富，而且已开始了创造性的思维，开始了对未来事情的规划，表象性思维更是发展快速。

所以，童话故事、拟人化的游戏及活动是这个阶段的孩子所喜爱的，而且更容易按照自己的想法去解释世间现象。如果孩子的主动行为和想象力能得到父母的肯定，孩子就能够得到积极的自主性，想象力和创造性会被他们发挥得淋漓尽致；假如孩子主动积极的行为经常被父母控制，孩子不切实际的幻想遭到讥笑，孩子就会丢掉主动性并且对自己的能力感到怀疑和内疚，开始手足无措起来。

能积极解决这一阶段的危机，"方向和目的"的品质将会在孩子身上形成，自动自发、计划性、目的性、果断等积极的人格特质会出现在孩子成年后。反之，人格特质的消极方面也会在孩子成年后显现，例如：安于现状、不会计划、犹豫不决等一些消极的性格。

有一位心理学家认为，儿童在本阶段主动性发展的程度将决定未来一个人所取得的所有成就。所以，孩子主动性和想象力的充分发挥需要得到父母的鼓励和肯定。 适合此时期儿童性格发展的最好形式是游戏。

通过玩游戏，能让孩子的各种器官得到发展，而且能有效增强孩子的认知和社交能力；另外，游戏的重要作用还表现在帮助孩子学会表达和控制情绪，有利于培养孩子的优良品质。 因此，父母要积极带孩子玩各种各样的游戏，给孩子一个游戏中学习、游戏中成长的良好环境。

这一阶段其实也是特殊时期，孩子容易产生恋母（恋父）情结。 所以父母一定要正确对待你们之间的关系，有意削弱母亲在孩子生活中的重要性。 父母自己性别角色的正确扮演尤为重要，给孩子树立榜样，让孩子有一个完整的性别概念，要正确树立孩子跟异性交往的概念。

4. 第四阶段：学龄期（7~12 岁）

孩子在这一阶段会经历由家庭到学校的生活环境的转移，扩大了活动范围。 孩子的主要活动变成了学习，而且需要非常勤奋。 一旦这种勤奋得不到发展，孩子就会产生自卑感，对自己能否成为一个有用的人感到怀疑。 积极解决这一阶段的危机，孩子就会变得有能力。 本阶段的勤奋感将决定孩子未来一生的发展。

孩子在这段时间性格不会有太大变化，父母应教育孩子尝试在各个感兴趣的领域中培养和发展自己的才能，要勤奋读书，多参加社会活动，注重孩子生活自理能力的培养，并且要多参加公益活动，做一个朝气蓬勃的人，对社会有贡献的人。

5. 第五阶段：青年期（13～18岁）

孩子在这一阶段要能够思考获得的社会信息，尽快确定未来的人生目标和生活准则，假如做不到这些，孩子就会产生角色混乱，从而不能获得自我认同，个体就不能正确地适应社会环境，变得比较消极，从此将与社会要求背道而驰。积极解决这一阶段的危机，"忠诚"的品质将会在孩子身上形成；不然，孩子便会变得多疑。

孩子一出生就开始形成自己的性格，这对成年后的心理具有举足轻重的作用。同时也警示父母，孩子性格的塑造要从出生时开始重视，并建立起正常的亲子关系，满足孩子身心发展的各种需要。良好的性格及心理素质的发展，将比单纯的让孩子多认几个字、多背一些英语单词重要得多！这是每一位父母都应该知晓的事。

让孩子
变得更坚强

　　现在的家庭环境一般都不错，大多数孩子没有经历过苦难。 这就让他们容易依赖父母，也很难变得坚强。 不过，未来复杂的社会环境不会因为孩子的脆弱而变得简单，孩子难免会遇到失败挫折，面对激烈的社会竞争，没有坚强的性格是不行的。 有人曾对 150 名有成就的智力优秀者做过相关研究，发现智力的发展水平跟三种性格品质有关：一是勇敢面对困难，并坚持到底；二是为实现自己的梦想而不断积累成果；三是对自己有信心，不自卑。 可见，坚强是人的性格中不可缺的好元素。

　　为了让孩子能够拥有坚强的心理素质，让孩子的性格被坚强的意志、美好的心灵和活泼开朗的精神所充盈，造就合格人才，父母应重视孩子的自信心和勇敢精神，让孩子的意志从小得到锻炼，这样在将来才能获得成功。 不同的意志力、自信心会体现出孩子所受的不同教育：很多孩子做什么事情都愿意亲自试一下，有一股冲劲儿，不害怕困难；不过也有的孩子胆小怕事，害怕见到陌生人，什么都不敢尝试，父母一说就哭，生活自理能力弱。

心理学研究指出，人对现实的稳定态度以及与之相适应的习惯性行为方式就是性格，这是人格的一个重要方面。坚强的性格有利于让人更积极地活动，有利于智力活动的开展，从而让人在学习工作中总是能达到高效率的办事水平。日常生活中，人都是具有多种性格的，坚强性格是这些性格中最优秀的，坚强性格的人一般具有坚持力和自制力，不害怕任何困难挫折，会在社会中拥有一席之地，能在学习生活中成为宠儿。

那么孩子坚强的性格该怎么培养呢？以下几点为父母们指明了道路：

1. 让孩子拥有独当一面的机会

让孩子独自做一件事情，例如跟陌生人谈话，自己解决与小朋友之间的事情，自己完成作业等，即便碰到一些困难也不要替孩子做。因为越困难的事情，成功后的喜悦越是让人心情澎湃，只有这样才能增强自信心，让性格变得坚强。

2. 点滴付出磨炼意志

事情都是一点一滴积累起来的。从点滴做起，坚持不懈，能够磨炼我们的意志。很多事业成功的人，都是从无数件小事上成功做起的。以工作精确、细致著称的著名科学家巴甫洛夫，写得一手工整的字，如同印刷品一样。原来在年少时，工工整整地书写就是他磨炼意志的第一步。

高尔基曾说："使人变得强而有力，只需要对自己一点点的克制。"所以，要想培养孩子的意志品质，要从点滴做起。从小事做起，不过是一个开始。培养坚强的意志品质，要从小到大，从易到难，从低到高地磨炼孩子，伴随着孩子的成长脚步。当一个意志坚强的孩子就站在你面前时，他已经战无不胜了。

3. 增益其所不能需劳其筋骨

"劳其筋骨"作为磨炼意志的一种方法，被大家耳熟能详。完成艰苦的工作，能让孩子变得坚强。可供选择的内容很多，但不可盲目选择，要以安全为前提，不要跟实际分离。要教育孩子：明确目标，选择最佳方式和途径，如果开始行动了，就一定要达到自己的目的。

4. 相信和尊重孩子

通过承担责任让孩子提高自我要求能力和坚持力。心理学研究发现，让孩子担当一定角色，他的性格也可能向这个方向变化。如某个小朋友不注意个人卫生，让他当卫生员，他便开始注意自己的卫生了，而且在其他一些方面也会有很大的进步。这个例子说明孩子的性格会受大人期望值的影响，因此，每一个父母都应当把自己的孩子当作坚强的孩子来对待。

5. 让孩子保持健康的身体

体弱多病的孩子对自己的健康状况失望，如果心情不好，肯定会害怕很多事物，不能积极对人对事，也不能形成坚强的性格。 相反，如果孩子有较好的身体素质，勇气与信心同在，也就能很容易形成积极的性格了。

6 让孩子拥有良好的品德

大家都尊重品德良好的人，每一个孩子都渴望拥有知识和智慧。 人的各种心理品质是相互影响的，培养各种积极的良好品德，是坚强性格不可缺少的辅助因素。

7. 告诉孩子不要轻易哭泣

父母应在孩子未哭时给予鼓励，利用好孩子的好强心理，假如孩子真的不哭了，那么就要让这种效果得到增强。如有些孩子排斥去幼儿园，那么父母一方面要改正孩子的这种心理，另外要告诉孩子"勇敢的孩子是不会哭的"，如果孩子不哭了，要给予适当的奖励，这样，孩子的性格就会变得坚强起来。

8. 不要有性格偏见

很多父母都觉得，女孩子不应该玩冲锋枪，而男孩子玩布娃娃更是没出息的表现。 好像女孩子天生就应做饭养孩子，男孩子生来就应该舞刀弄枪，成就一番事业。 这种狭隘的观念对孩子的健康发展不利，会导致女孩子的独立性和自信心在过早的女性化中消磨殆尽，男孩子的男性特征也会少了很多细腻和敏感。

9. 耐心对待孩子

虽然很多孩子凡事都坚持自己做，一心想自己独立起来，不过现实中却经常做不到。 如吃饭时把食物弄得到处都是，衣服穿得乱七八糟。 有一些性子急的父母因为没有耐心，所以以提高效率和节省时间为由，一手包办，这不仅会让孩子自主权被剥夺，同时也会使孩子的依赖心理增强。 所以一些专家强调，父母一定要有耐心，让孩子渐渐学着亲自尝试，独立成长，绝对不能心急，任何事都替孩子做，这样只会牵绊孩子的成长。

另外，孩子还经常怀着一颗好奇心问东问西，对于孩子的提问，不要立即给予标准答案，以免让孩子不能独立思考判断，最好是一点点地启发孩子，让他们自己找到最后的答案。 很多事实说明，当一个复杂问题需要人们做出果断的决定，沉得住气冷静分析的人往往都是性格坚强者；性格软弱者则不同，他们往往在左思右想，瞻前顾后之后把事情弄得一发不可收拾。 坚强的性格对孩子成长非常重要，所以父母在提高孩子素质时，一定要重视这个方面。

保护好
孩子的自尊心

自尊心是人格里一个很重要的方面，可以说，一个人的自尊直接决定他的未来。 历史上那些成功人物虽然都有不同的个性，不过分析其共同点，会发现他们的自尊意识都很强。 因此，孩子的自尊心必须得到最周到的保护。

但是，父母有时会在无意间伤害了孩子脆弱的自尊心。 有个孩子天生五音不全，他的歌声就像锯木头。 有一次，班里举行唱歌比赛，他在家里练习。 母亲很烦躁地说："你这是唱歌么，简直就是在制造噪音！"虽然妈妈是无意说出来的，不过彻底让孩子放弃了唱歌，而且开始害怕上学。

还有一种情况，那就是父母总是觉得孩子什么都弄不成功，不管什么事都帮孩子做。 常见的就是同学来找孩子玩，母亲擅自做主说："看书，不去。"从来不考虑孩子的意愿。

小孩子也有自己的面子，母亲的行为让孩子在同学面前彻底颜面扫地。 孩子进入校园后，就开始有自己的生活圈，有自己圈子里的人。 在自己的世界里，我们都是独立的，孩子也不例外，他们是自己的国王，可以不受父母的控制。 为了让自己有面子，孩子有时会故意不听话。 母亲在孩子的朋友面前对孩子颐指气使，无异于向孩子通告他还没有独立的信息。 如果同学们发现某人没有自主权，就会渐渐疏远他，不再接受他。 这对孩子未来的发展影响不好。 不过，父母一般都意识不到孩子的这种行为，这样会让父母和孩子直接产生隔阂。

　　古今中外公认的道德规范都要求孩子尊重父母。 但是，要知道尊重是互相的，在尊重面前人人平等。 父母是长辈，孩子是小辈，传统的观念更强调孩子必须要尊重父母，其实互相尊重是必需的。 孩子一旦到一定年龄，就开始想要独立了，特别是上了中学后，独立的概念会出现在孩子的心中，对社会上的事也开始有了自己的判断标准。 对于孩子的想法，只要不触犯原则问题，父母就应该尊重。

　　父母会因为孩子在外面受了委屈而愤愤不平。 不过，在平淡的生活中，有时父母无意伤害了孩子的自尊，自己却没有发现。 小孩子在家里难免乱拿乱放，很多时候用过了，却忘记放回原处。 所以，有时父母急需那个东西，找不到就会询问孩子。 假如孩子真的拿了，父母一问就能立刻找回来，那固然很好；不过如果孩子没有拿，面对父母的一再追问和埋怨，孩子的心理就会被阴影所笼罩。

　　孩子都是充满好奇心的，认为大人的世界都是新鲜的。在爸爸不在的时候，孩子会偷偷拿他的钢笔做功课；当妈妈不在的时候，会偷偷穿妈妈的高跟鞋。 一旦发生这些事，父母的头脑里就会产生条件反射：只要有什么东西找不到了，那就一定是孩子拿走了。

如果孩子说没拿，家长反而会觉得是孩子在说谎话，在某种程度上说，这就是人格侮辱，会让孩子伤心欲绝。不过家长却注意不到这种情况，更不可能感到孩子的痛苦和伤心，甚至还以为自己是正确的。过了几天，自己无意间在另一个地方发现了要找的东西，才突然明白，是自己错了。

这样的情况，在很多家庭中都常常发生，但都被父母忽略了。这种无意的举动，不仅会伤害孩子幼小的心灵，更会让父母和孩子产生隔阂。因此，父母一定要学会尊重孩子的自尊心。

又如，孩子做题的时候稍一马虎，考试中就会出现低级的错误。妈妈看到孩子连如此简单的试题都答错了，会感到极度的失望。可能会说："你脑子里到底装的什么东西！这么简单的题都做错！"有时为了让孩子受到刺激，还故意辱骂说："真是白让你长这么大了！你还不如小学一年级的学生呢！"

当然，这些话是为了让孩子面壁思过，从而产生奋起直追的决心。不过，这种话对孩子却不会起到任何有利的效果，最多也只能是刺痛他一下，距离他幡然悔悟还很遥远，也不能使他认识到自己的不足。

每个孩子都希望得到父母的夸奖，希望父母觉得自己是有所作为的人。父母责骂"你真是笨死了"，其实是在说"你真不是学习的料"，这只会让孩子失去信心。按说，当有人责骂孩子"你真的无药可救"时，作为父母应该第一时间站出来鼓励支持自己的孩子："妈妈相信你，只要你努力了就一定可以的。"而且事实也是如此，无论外人怎样贬低，只要父母永远承认并相信孩子的能力，对孩子不断进行支持和鼓励，孩子就不会沉沦下去，不要低估亲情的力量。

但是，假如父母最先否定孩子，孩子便会真的开始怀疑自己的能力，最后会变得没有信心，什么事都做不成。此外，讽刺话更不是随便说的。本来对父母依赖性很大的孩子，需要父母的催促才去做作业，还要家长喊着去做事。后来孩子因为某种原因改变了这种现状，开始主动学习，主动帮父母做家务。妈妈感觉很吃惊，无意识地说"哎哟，这是地球不转了吧"或"今天是什么日子，怎么变得这么勤快啊？"

妈妈本来想表达自己的开心，但是由于感到意外，说了这种不着边际的话，会伤害到孩子的自尊。有句俗语这样说："说者无心，听者有意。"碰到上述情况，父母应该看到孩子的长处，而孩子听到激励他们的话语，内心会形成良性的自我意识，慢慢地，自信心也会越来越强大。

让害羞的孩子
变得大方得体

能在公共场合表情自然大方地展现自我的孩子，总会引来同学父母的羡慕。羡慕之余，父母还会从内心深处为自己孩子的内向而痛苦着急，为孩子未来的交往能力担忧。不过光着急是没用的，作为父母，必须真正行动起来努力改变这个事实，让自己孩子变得大方起来，让孩子变成一个外向开朗的孩子。

1. 口语表达能力的培养

父母可以通过给孩子讲故事的方法让孩子喜欢学习，在讲故事的过程中，如果孩子有问题，要对孩子喜欢问问题的习惯给予肯定和表扬；帮孩子养成记日记的好习惯，父母可以先启发孩子对当天或前一天的生活进行回顾，然后回忆自己感受最深的事情，自由发挥，将自己的快乐伤悲表现出来，也可以让孩子表述，然后父母记录，当孩子说的时候，父母纠正错误，适时引导，帮助孩子丰富词汇。这样，积累的词汇多了，孩子说话时语言自然就变得丰富而充满内涵。

2. 为孩子创造锻炼的机会

如果一个孩子内向，当然不愿意在众人面前展示自己。这时候，父母就要主动为孩子创造锻炼的机会。

有一年，将将和妈妈在外婆家过中秋节。一大家子人热闹地团聚一堂，气氛十分热烈。晚饭后，妈妈提议搞个"中秋家宴文艺演出"，得到了大家的支持。

"有谁愿意做主持人呢？"妈妈说。"我！"将将的表姐大喊着。将将抬头看了看，默默无语，很是期待却没有勇气站出来。

妈妈觉得应该为将将提供这个机会。她知道将将最崇拜少儿节目主持人董浩，于是故意说："嗯，姐姐很像著名节目主持人鞠萍姐姐，那董浩叔叔由谁来充当呢？"

"我！"提到董浩，将将立刻精神了。

在姐弟俩的主持下，节目开始了。

"首先，弟弟要为我们讲一个故事，大家欢迎。"将将神采奕奕地说。

后来，《三只小猪》的故事在小弟弟稚嫩的嗓音中结束，大家都给予了热烈的掌声。

"接下来是姐姐的舞蹈表演，欢迎欣赏。"将将继续着他的主持。

"大家欢迎将将为大家唱歌。"在大家的鼓励下,将将由主持人又变成了演员。

孩子的外公拉二胡,舅舅唱《猪之歌》,孩子们也都跟着唱起来:"猪,你的鼻子有两个孔……"欢声笑语充斥着每一个角落。从此,将将也变勇敢了,在众人面前说话也变得落落大方了。

3. 奖励孩子

喜欢看书的小诗,才五岁就能独自看儿童读物了。聪明伶俐的她得到了幼儿园老师的喜爱,老师总是称赞她学东西特别快。不过,小诗害羞,性格内向,不愿意在众人面前表现自己。例如老师让她上台领操,她摇头表示不肯,但这是很多小朋友求之不得的事儿。再比如她很擅长讲故事,妈妈让她给爷爷奶奶讲个故事听听,她也是拒绝,就算是讲,也是断断续续,扭扭捏捏。

事实表明,优缺点是每个孩子都具有的,父母不能总是把孩子的缺点挂在嘴边,这样无意中会让孩子的缺点强化。父母应当用很轻松的语气告诉孩子,如果他能够表现得大方得体,那么父母每次都会奖励他喜欢的东西,如果做不到,或者讲条件,那就要进行一些惩罚。 等奖励次数多时,可以给他更大的奖励。 直到他的行为变得落落大方后,就可以改变这种奖励行为了，改用口头表扬的方式。

4. 充分利用生活实践锻炼孩子

很多孩子在家都能侃侃而谈，不过到了外面，就变得懦弱、胆小，不敢表达自己的观点。 父母每天应尽量抽空带孩子走向社会，走向群体，以便培养孩子的交往能力，让孩子在与小朋友玩耍的过程中消除懦弱胆小的心理。 玩是人与生俱来的本能，玩的过程也是交往的过程，同时，玩得开心会让孩子慢慢变得喜欢跟别人说话。

父母要明确孩子具有的能力，给孩子布置适量的任务，让他们做自己力所能及的事儿。 如特意创设机会，将向邻居或周围的人借东西、送物品这种事情让孩子去做。 在与邻居、生人来来往往的过程中，孩子会得到与人交往的锻炼，有利于语言表达的练习，交往的态度会随之变得自然、得体。

当父母要去购物时，可以把孩子也带过去，让孩子自主选择要购买的东西。 有位很聪明的妈妈，她特意装作找不到要买的东西，让儿子向营业员请教，因为想买的东西是孩子自己想买的，所以孩子很高兴去问。 最初，孩子总是依赖妈妈，要妈妈教他怎么说。 妈妈也总是不厌其烦地教他，而且还及时鼓励他。 最后，孩子就会很大方自然地和营业员交流了。 如果买的东西不多，妈妈还会把钱给孩子，把购买的任务交给儿子。 这不仅让孩子的社交能力得到培养，又锻炼了他的独立生活能力，可谓一箭双雕。

父母和孩子的老师多沟通、多交流，有利于孩子在学校里表现得出色，方便老师掌握孩子的性格特点，以及点滴变化。学校老师的关心、帮助有利于孩子在课堂上踊跃发言和积极思考。

5. 积极给孩子创设做客的氛围

父母带孩子一起去做客，有利于孩子的成长。当还没去做客时，告诉孩子要到哪去，对方的基本家庭情况等，让孩子心里有数，让孩子怕生的心理降到最低，同时让孩子产生想去做客的欲望。例如："今天我们要去的阿姨家，有很多好玩儿的玩具，还有一个漂亮的姐姐，姐姐和阿姨都知道宝宝很厉害，而且很有礼貌，都很喜欢宝宝。"用这种方法让孩子的自信心增长。

此外，为了让孩子体会小主人的自豪感，可以经常将客人请到家里来做客。这些客人，可从孩子比较熟悉到从没接触过慢慢变化，从而让孩子的交际圈逐渐扩大。当孩子接待客人时，要给孩子一个锻炼、提高的机会，父母不能急功近利，要让孩子自己慢慢摸索。例如，让孩子向客人打招呼，跟客人一起分享自己喜欢的东西，分享自己的得意成果，再鼓励孩子跟客人沟通交流，在客人面前展示自己的才艺等等。

同时，及时表扬、鼓励孩子是父母必做的功课。在孩子跟陌生人接触的过程中，对孩子的表现表示关注，并对孩子的每一次进步给予真挚的肯定和鼓励。如语言亲切的表扬：

"今天宝宝的表现好棒哦！ 能够主动跟叔叔阿姨打招呼，他们都夸你呢。 爸爸妈妈也真替你感到高兴。"有时，也可以将贴纸、图书、食物及小玩具等作为奖励，让孩子感受到成长和进步。 总之，父母只要给孩子机会，那么必会得到孩子给予我们的回报。 用心浇灌，并持之以恒，孩子就一定会进步的。

高情商家教思维

1. 哪个年龄阶段能形成孩子一生的性格？

_____

_____

2. 家长可以先从哪些方面培养孩子的意志品质？

_____

_____

3. 反思一下，你是否曾替孩子大包大揽？ 这对于孩子的成长有何坏处？

_____

_____

4. 反思一下，你是否有伤害孩子自尊心的语言或行为？具体发生在何种情况下？

_____

_____

5. 如果你的孩子十分害羞，你可以怎样帮助他提升自我展现的意愿？

_____

_____

6. 如果孩子不愿意在众人面前展现自己，你可以怎样为孩子创造锻炼的机会？

_____

_____

培养孩子的
思维和观察能力

开发孩子的
抽象思维能力

抽象思维有两个最基本的特征：抽象性和确定性。 由这两个特征还派生出其他一些特征，如形式性、精密性、简单性、理论性和分析性等，不过后者都是由抽象性和确定性所决定和制约的。 抽象思维又叫逻辑思维，是高级形式的思维，具有抽象性，从而可以揭露事物的本质特征和事物之间的规律性联系。

当孩子从幼稚走向成熟，其实也就是人类由无知走向文明。 最初的时候，孩子没有什么抽象思维能力，然而在生活中他们会慢慢学会抽象，例如，小孩子淘气，用手触摸蜡烛，结果烫红了，甚至起了几个泡。 这样经历过几次，他就不会再这么做了。 这时孩子显然有一种自己的认识：那些跳动着的，发热的东西是会烫人的。 此时他已经自发地从同类事物的个体中抽象出了该类事物的共性，而这种最初的朦胧意识是很珍贵的。

三岁之前的孩子，对他进行训练会显得过早。 不过，如果仅靠这种缓慢的自然摸索，没有足够的大脑刺激，孩子的智力就会发展缓慢。 所以在孩子大一些时，家长可以采取很多方法，让孩子在无形中受到训练。

1. 教孩子分类、汇总

父母应注意引导孩子学会分类、汇总及寻找归类的根据，也就是找出事物的相同点与不同点，从而使孩子注意事物的细节，增强其观察能力。 在平时，父母可以把生活中的东西根据它们的某些相同点让孩子进行归类。

2. 引导孩子认识大群体与小群体

首先，应让孩子了解，大群体包含了许多小群体，小群体组合成了大群体，再教给孩子一些有关群体的名称，如书籍、运动、食品等，这样孩子就会懂得，群体都是由一定的部分组成的，最后再举一些例子，如：铅笔——笔类——学习用品。

3. 教会孩子了解顺序

顺序是训练孩子逻辑思维的重要途径。 顺序的概念对孩子今后的阅读有帮助，这些顺序可以是从最热到最冷、从最硬到最软、从浓到淡等，不过反过来说也是可以的。

4. 帮助孩子建立时间概念

对孩子来说，小时候建立起清晰的时间观念，理解其含义，掌握一些表示时间长短的词语，是很重要的。 当孩子真正理解了"在……之后""立刻"或"尽早"这些词语代表什么意思后，就会变得更有秩序了。

5. 理解基本的数字

父母教给孩子数字时应该把数字具体化，现在有些孩子两三岁就能从 1 数到 10，甚至更多。 不过与其说这是在数数，还不如说是在背。 所以父母们应尽量讲得准确，如"1 个苹果""3 个人"等，让孩子一边口里有声，一边用手摸摸物品，逐渐过渡到用眼睛"默数"。 另外，当孩子在数数时，家长要表现得有耐心。 与此同时，还可以使用"第一""第二""第三"等序数词。

6. 掌握一些空间概念

对于孩子来说，他们并不是生下来就知道"上下左右，里外前后"等这些空间上的概念，但大人们却往往忽视这一点。 其实，在日常生活中，父母要利用各种机会引导孩子掌握一些空间概念，比如："把碗放到柜橱里"。

7. 寓教于乐发展孩子的思维

通过游戏，孩子的活动会变得更复杂，其思维发展水平更高。 因此，游戏能够培养孩子的抽象思维。 若要训练孩子对空间、规则等方面的认知，可以教孩子玩积木、玩魔方、走迷宫、下棋、拼图等益智类游戏，这些游戏都可以让孩子的抽象思维能力得到提高。

让孩子
在想象中成长

　　想象是指在外界现实刺激的影响下，在头脑中对记忆的表象进行加工改造，从而形成和创造新形象的心理过程。

　　在人类发展史上，想象起着很重要的作用。 俄国教育家乌申斯基说："伟大智慧来源于强烈而灵活的想象与思维。"著名物理学家爱因斯坦建立了"相对论"理论，就是运用自己的想象，经过严格的逻辑思考和严密的数学推导而形成的。 所以，有一位物理学家对这一成就进行赞叹时说："作为一个发明家，想象力给他的鼓励，在很大程度上决定了他当时的影响力和名声。"

　　同样，对于知识的学习也要借助想象力。 如果不能进行想象，教材中一些抽象的图画就不能被很好地理解。 现实生活中的许多发明创造，都是从想象开始的，如果只对教材中的文章干巴巴的阅读，便很难有形象生动的想象力。

　　想象能帮助孩子的心灵成长。 在童年的时候孩子便开始有了梦想，这梦想就像孩子展翅飞翔的翅膀。 假如束缚了孩子的翅膀，孩子还怎么在天空自由飞翔。　假如孩子能够实现自己的梦想，他就能做出很多让人震惊的事情，丰富多彩的生活也是他梦想的结果。　孩子本来是充满童真、充满童趣和富于幻想的，他们想做的事情应该有很多。　但是，现在的孩子离他们的梦想却是那么的遥远。

一个调查问卷中有这样一个问题："长大之后你想要干什么"。　令所有人大跌眼镜的是竟有将近93%的孩子给出了同样的回答："上大学然后找个好工作"。　这样一个社会化的回答为么会出现在几岁大的孩子口中？　对此我们不得不反思，大多孩子丢失了本该属于他们的激情与幻想，好像他们是一个即将要考虑工作和生存的成人。　毋庸置疑，这和父母的教育有关，孩子过早承担了自己不该承担的生存压力。

父母经常责备孩子说"不要胡思乱想，好好学习去""你别乱想了，那是不可能的"，就这样，孩子的梦想天堂只剩下僵硬的学习了，孩子的很多想象力就在这些责骂中被扼杀了。

诗人纪伯伦说："我宁愿做一个有梦想即便不能完成的、最微小的人，也不想做一个最富有尊贵但是却没有梦想的、空洞的人。"而人类进化与发展的过程也向我们揭示了这样的真理：没有"想象力"，人类社会便不会发展。　很多超越人类想象的事情，都在不断地探索研究中，慢慢变成了现实。　古人想飞，因此我们有了飞机；古人想夜里能看见东西，因此，我们有了夜视镜。　因此，当你的孩子异想天开时，不要责骂，而要适当鼓励。

1. 父母应尊重孩子的想法

你可以这样培养孩子的想象力。　比如，打算教孩子学习数字，你可以写下一个数字，但不要急于向孩子灌输这是几，然后让孩子围绕这个数字进行想象，想象它是生活中的什么东西。 这时你就会发现，孩子的世界是多么的丰富。当孩子告诉你说："妈妈，我以后长大了要到外太空的太阳上去。"你若对他加以嘲讽道："笨蛋，太阳那么高温度，你还没上去就已经被烧死了。"也许你的孩子会因此丧失了成为宇航员的机会。 因此父母一定要用心倾听孩子"异想天开"的想法，不要对他们冷嘲热讽，因为说不定这些奇怪的思想就变成现实了。

2. 父母要鼓励孩子想象

有这样一个真实的故事，父母为了锻炼孩子的记忆力，每次跟孩子讲完故事，就让孩子重复一遍。 有一次，孩子听完《狼和小羊》的故事后，孩子便把其中小羊的命运做了改写，让其被大猎狗所搭救。 然而，父母听完之后非但没有表扬孩子的创造力，反而很生气地说："我刚才跟你讲的什么，下次给我好好听着，再讲错了，我就打你！"孩子为此觉得很委屈，在这之后再也不想听妈妈讲故事了。 这类父母的做法我们不敢苟同，也深感惋惜，而当今这样的父母却不在少数。 须知，他们不仅仅扼杀了孩子听故事和讲故事的兴趣，还扼杀了孩子丰富的想象力。

如果父母能给予这些想象力以正确的引导和鼓励，每一位有奇特想法的孩子都会有勇攀高峰的动力。 因此，当孩子"异想天开"时，不要再对他们无情地打压了，让孩子插上自由的翅膀吧，让他们更能自由地想象吧。

培养孩子
对某件事的专注能力

只有孩子能专注于一件事，才容易激发孩子学习探究的潜能。如果孩子学习专注了，那么他的智力水平便进入了一个质的发展阶段，这种能力对未来发展也很重要。因此，在做事的时候一定要专注。需立长志，不断地坚持、探索下去，未来必定会有所建树。

怎样才能培养出做事专注的孩子呢？这需要父母的引导，父母要在孩子小的时候就培养孩子的专注能力。当孩子在对某一事物产生兴趣时，父母可以帮助他在这段时间内阻止外界的干扰信息；提醒孩子对他所感兴趣的问题不断深入探究，更深入地去思考；当然也不能忽略对孩子爱好广泛的培养，可以让孩子选择最着迷的对象进行深入探究，然后有意识地鼓励孩子坚持下去。

1. 给孩子一个安静的学习环境

每一个家庭的父母都应该给孩子一个没有任何干扰的学

习环境。 这样孩子才能够在学习的时候聚精会神。 还要注意的一点是，要培养孩子养成把所有物品摆放整齐有序的习惯，也不要放太多没用的东西，以免打扰孩子的注意力。 当孩子学习的时候，父母要尽量不说话，不要看电视，保持安静的学习气氛，这样孩子才能专心学习。

2. 让孩子在规定时间内完成作业

这是父母会普遍遇到的问题，假如对孩子写作业时间没有要求，孩子就会拖拖拉拉，甚至最后也玩不成。 如果规定一定的时间，那么孩子不仅会按时完成，而且正确率非常高。 在这个规定的时间内，孩子能够集中全部的注意力，因为他会有小小的压力。 如果没有要求的话，那么，他就会用很长的时间，会变得自由散漫，而且也没那么高的正确率。所以，父母要根据孩子的作业规定一定的时间，然后让他认真完成作业，并在作业质量完成的较高的情况下，给孩子一些奖励。 如果孩子的作业很多，父母可以帮助孩子给作业分类，让孩子分时段、分部分地来完成，这样做不仅可以让孩子的学习变得轻松一点，还教会了孩子分类管理的做事方式。 自然学习效率也就得到提高了。

3. 给孩子休息的时间

很多父母认为让孩子玩是在浪费时间，总希望孩子整天趴在书桌上认真学习，最好一直都不要去玩。 殊不知，孩子的天生任务就是玩，假如不让孩子玩，他又怎么能做好其他事呢？ 常常听见这样一句话：不会玩的孩子不会学习。 假如父母只是让孩子一直学习，不让休息，那么孩子的学习效率就会变差，甚至故意拖拖拉拉，有时一个小时就能完成了，他可能会花上两到三个小时甚至更长时间，其实很多时间他都走神了。之所以这样是因为他明白，父母只有看到他学习才会夸奖他，他这么做只是为了让父母高兴。

一些父母可能不太清楚专注是什么意思，其实专注并不是说时时刻刻都需要集中注意力，而是指在一定的时间里能全神贯注、聚精会神地干一件事。更有研究表明，长时间地高度集中注意力也不利于孩子发展，往往会适得其反。

4. 培养孩子集中注意力

孩子的注意力太过涣散，不能聚精会神往往是他们学习成绩差的主要原因。众所周知，对学生来说，要达到一个好成绩，听课是很重要的一个方面，假如孩子不能培养出聚精会神的听课习惯的话，非常不利于他的学习。因此，当孩子还没上学时，父母就该培养孩子的专注能力，这样对孩子的未来是很有好处的。

如果孩子认为老师所讲的内容非常无趣，因此他们的注意力才不能集中，才做不到专心听老师讲课。家长要引导孩子，首先要告诉孩子听课的重要性，然后再指出老师讲的很多地方都是非常有意思的，只要认真听老师讲课，就能发现。如果这样还是不奏效的话，父母还可以教导孩子说，如果这次你能集中注意力听课，听懂这堂课，下次考试的时候就会取得很好的成绩。还可以告诉孩子"如果你今天能够把老师讲的这堂枯燥乏味的课听下来，就可以证明你有非同一般的自制力，这样不仅自己的能力得到了锻炼，还获得了很多知识。"

5. 切忌对孩子重复交代

很大一部分父母喜欢对孩子反复交代某件事，总怕孩子会忘记，但这只会让孩子感到厌烦。久而久之，当父母说话的时候，他们就会不注意听。在长大后和别人交往的时候，也很容易造成孩子对谈话内容与别人有大相径庭的理解。因为，他觉得别人也会跟他重复再重复地说。因此，当父母需要孩子注意某件事情的时候，只说一遍就行。这样，不仅可以锻炼孩子集中注意力，抓住事情的主题，也有利于培养孩子的注意力集中。

6. 训练孩子的注意力可以通过玩游戏实现

父母往往认为孩子做游戏是在浪费时间，其实做游戏是培养孩子注意力的最好方法。因为孩子总是对游戏特别感兴趣，这也能集中孩子的注意力。假如孩子想要获得游戏的胜利，他就要在游戏上集中自己的注意力，从而提高对自己的控制力。所以，多让孩子做一些需要集中注意力的游戏，是让孩子注意力得到提高的不错的方法。

克服孩子
注意力涣散的毛病

很多孩子学习成绩不理想，究其原因总结为注意力涣散。尤其在上课时，不能控制自己的思绪，老是开小差，等思维回到课堂上时，老师已经讲完大半了，这样学习成绩怎么会好？这些孩子只有克服注意力涣散的毛病，学习成绩才会好。那么，怎样才能克服这种缺点呢？

1. 培养注意重点的习惯

孩子在做事情时，要有意识地培养其动脑筋的习惯，这样他才能分辨出自己学习的重点和非重点、现象与本质。这样才能更好地吸引孩子的注意力，让他把所思考的内容深深地印在脑中，注意力会更加持久稳定。

对孩子注意力的训练，还应培养孩子在注意时分清事物变化过程的主次、轻重缓急。相关专家指出，具体应该这样做：要让每个人都保持较好的知觉，同时还能从事物中分离出主要的东西，并集中注意力在主要的东西上。家长长期坚持让孩子分主次的练习，就可以增强孩子的注意力。 人类历史上凡是有作为的科学家，像牛顿、爱因斯坦、伽利略等都具有全神贯注思考问题的习惯。 因此，要想让孩子成为人才，就一定要培养孩子勤于思考、爱动脑筋的习惯。

2. 专心训练

有一位著名的心理学家曾说："想要成为一个专注的人，最好的方法是，做什么事情都要认真！"

家长要有意识地培养孩子专注思考事物的能力。 平时，在孩子做事情时，要训练他有计划、有目的地集中注意力，要锻炼他不被其他事物打扰，专心于自己的事。 同时还要适应任何环境，无论周围是什么样的状况，都只用心在自己的事上。 只要把任何事都当做锻炼的机会，久而久之，孩子就会养成专注思考问题的能力。

3. 学会不想自己

一些孩子常常有这样的毛病，他总是觉得自己是别人注意的中心，所以自己的注意力全放在自己身上。 比如自己换了件新衣服，就会觉得人们都在看自己；换了个新发型，也会觉得特别不自然；上课回答问题，有些孩子也会出现紧张得说不出话来的现象。 他觉得别人都在看着他，而自己生怕说错话引人耻笑，更怕老师批评，结果越想越怕，更说不出话来了。 其实这种想法大多是出于自己的想象，那些不自然的表现都是源于过分注意自己的形象。 事实上，每个同学都在忙自己的事情，并不是他所想的那样都在关注他，大家并没有那么多精力总是关注别人，正像你自己不会总是在意别人在干什么，而是把更多精力放在自己身上。

有的学者说："自我感觉也是臆想的一种形式。别人并不总是在关注着你，他们也都是有事情做的。记住这个，你在别人面前就会轻松许多。"

让孩子克服这种心理的办法就是分散他的注意力，不要总是太关注别人对自己的评价。平时要训练做事有计划，在规定时间内完成任务。这样，孩子就没有时间去关心别的事情了。

4. 关键是要有信心

能否让孩子集中注意力，树立自信心也是一个关键因素。满怀信心地去做事，那么一定会尽己所能完成到最好。要让孩子相信，他集中注意力可以把这件事干得更漂亮，最终一定会成功。这关键还要靠家长多鼓励孩子，让他从亲情中得到信心。

5. 疲劳是集中注意力的大敌

很多孩子都说，长时间的连续学习，导致学习效率下降。确实，疲劳是注意力下降的重要原因之一。如果孩子连续学习很长时间，那他的注意力就无法集中，效率也会低下。所以，在孩子的学习中，一定要劳逸结合，这样才能保持良好注意力。

6. 心情愉快有利于注意力集中

当我们心情愉快地去做一件事情时，会发现办事效率会相当高。 那是因为你全身心地投入到事情中去了，并且把它当作一件愉快的事来完成。 因此，家长要试图让孩子知道，全身心投入到一件事情当中是快乐的。

7. 心情平静有益于注意力

静下心来，有助于集中注意力。 研究发现，情绪稳定时，有助于人控制自己的情绪、心理状态，使之集中精力，指向学习目标。 只要使孩子心情平静，他就可以集中注意力学习；反之，他情绪激动，是无法集中精力的。 下面几个技巧父母可以作为参考。

（1）听音乐法

科学家发现，听音乐可以减少压力，减缓心跳，降低血压。 为了获得最大益处，最好选择轻音乐。 慢节奏的音乐比快节奏的音乐更轻柔，弦乐器比管乐器更轻柔，演奏比演唱更好一些。 多听好音乐，心情更舒畅，注意力会更集中。

（2）目标转移法

仔细地观察一件身边的物品，然后回忆它的细节（材料、颜色、形状和其他特点），然后再睁开眼对比，看回忆是否正确。 这时就会发现，脑子里已经没有杂念了，大脑中很平静。

（3）回忆法

上课前，让孩子提前回到教室坐在座位上，认真回忆上次课程的主要内容及重点知识，这样可以让孩子更好地吸收和掌握知识，了解自己的不足。

提高孩子的
观察能力

　　观察是一个孩子获取知识、积累智慧的重要途径，有良好的观察习惯必定会影响孩子智力，这样的孩子更聪明。

　　观察能让人更透彻的了解事物。 有良好的观察习惯，就如同得到了生活宝典，人生处处都需要智慧，若你有了良好的观察力，就能发现生活的智慧。 而好的观察力也是孩子完成学习任务的必备条件。 孩子学习知识需要从观察开始，即使是间接获得知识，也离不开一系列的观察活动。 好多孩子因为观察能力极差，导致学习成绩也差，这么看来，从小培养孩子观察力是极其重要的。

　　那么，怎样培养孩子观察力呢？

1. 指导孩子明确观察目的

　　在观察中，孩子一般都容易被一些他感到好奇的事物吸引，有时候会偏离观察的重点，这就是没有目的观察的弊端。 家长应指导孩子制定观察计划，要让孩子知道，每一次观察必须先明确观察的目的，就是为什么观察、观察什么。

2. 培养孩子的好奇心

好奇心很重要，只有有好奇心才能不断提出问题，并不断解决它。一个人的好奇心越强烈就越具有探索的眼光。所以一定要培养起孩子的好奇心，这样的孩子才具有观察力。

3. 教孩子通过观察去验证所学的知识

在学习中要培养孩子进行科学验证的习惯。当孩子对知识产生疑问时，家长不要急于给答案，而是要让孩子自己去思考，这样孩子会对知识的印象格外深刻。

当然，观察前最好让孩子做一些知识上的准备，这样会有助于激发孩子的观察兴趣，也更容易确定观察重点，培养孩子主动认识事物、了解事物的习惯。例如，当孩子在观察猫的习性时，让他先了解一下猫，然后再根据已有的知识去进行一些比较，才能获得更好的观察效果。

4. 让孩子有计划地观察事物

父母要帮孩子初步规划观察过程中的具体事项，让孩子明确观察任务。

让孩子观察的事物要有顺序。按照一定的次序、有计划地观察有利于提高孩子的能力。比如，父母可以让孩子学种菜，每天记录幼苗的生长情况，这样孩子就会经常观察它，并从中获得乐趣，既能够锻炼动手能力，也提高了观察能力。

5. 在观察后对孩子进行提问

按部就班地做完观察，孩子是需要家长对其督促的，这不但能检验观察效果，还会加深孩子对观察内容的记忆。

平常家长要鼓励孩子多提出问题，然后可以去请教别人，并通过不断观察找答案，然后抓住事物的本质。 家长应该鼓励孩子整理自己观察到的内容，得出科学结论。

6. 开阔孩子视野、激发观察兴趣

大人要会利用孩子的好奇心，在千变万化的自然万物中扩展孩子的视野，丰富孩子的知识，激发他们的观察兴趣，引导他们观察身边事物和周围的日常现象。 如看到结霜，给孩子讲一讲它是怎么形成的；看见大树，讲讲树是怎么长成的。 要尽量让孩子多接触自然，把日常生活细节融入到学习中。

7. 教给孩子观察的方法

科学的观察方法很重要，正确运用会事半功倍，它包括重点观察、个别观察、顺序观察、逆序观察。 把这些方法合理运用到实际观察中，并教会孩子，会很有用处。

8. 把观察和表达结合起来

观察是获取外界信息，而表达则是把自己脑中经过加工的知识公布给外界，两者互补，缺一不可。 观察是初级目

的，而表达是终极任务，因此对孩子表达能力的训练也要重视，可以在观察完了之后再问孩子一些观察过程中的具体事项，以提高整体水平。

9. 观察加想象

要引导孩子在观察的同时进行联想，例如：看到绿色的东西问他能想到什么？孩子就会说想到小草、大树等等。这样观察同联想结合，会让孩子觉得更有趣，他会更乐于思考这些问题，而且还能深入认识事物，对孩子全面发展有好处。

10. 纠正粗心、马虎的毛病

这种毛病几乎每个孩子都有，但只要家长及时纠正，就能减少这种现象，家长应教育孩子观察事物要落到实处，眼光放在细微之处。

引导孩子发现事物间的区别变化，还能让他们慢慢养成仔细、严谨的观察习惯。

高情商家教思维

1. 家长可以怎样开发孩子的抽象思维能力？

_____

_____

2. 怎样做才能打破孩子的思维定式？（例如：培养孩子思维的细腻性等）

_____

_____

3. 反思一下，你是否在责骂中扼杀了孩子的想象力？这对于孩子有何影响？

_____

_____

4. 让孩子在规定时间内完成作业是否有必要？为什么？

_____

_____

_____

5. 怎样培养孩子的观察力？（例如：指导孩子明确观察目的等）

_____

_____

6. 本章提到的方法中，你认为最有用的是哪一条？

_____

_____